KB197806

지혜의 지배자
김대중

― 최진의 김대중 리더십 총론 ―

최진

박영사

최진 대통령리더십연구원 원장
저자소개

대통령을 비롯한 지도자의 리더십을 심리학적 관점(프로이드, 융, 라스웰)에서 연구하여 대안을 제시하는 국내 최고의 대통령 리더십 전문가이다. 동시에 대학교수, 정치심리학자, 리더십&심리경영 전문가, 방송평론가로 왕성하게 활동하고 있다. 이 과정에서 7명의 역대 대통령들을 직접 체험하거나 함께 일했고, 특히 김대중 대통령과는 20여년간 긴밀하게 소통하고 관찰 및 연구했다.

지난 35년 동안 언론–청와대–대학교수와 방송활동을 거치며 현장경험과 이론을 겸비하였고, 국내 최초로 대통령들의 리더십을 집중 연구하는 〈대통령리더십연구원〉과 〈한국대통령리더십학회〉를 설립하여 특강, 교육, 아카데미, 집필, 세미나 등 다양한 활동을 해오고 있다. 특히 대통령의 리더십과 CEO의 성공전략을 연결시키는 강의는 매우 독특하다. 최근에는 성경 속 위인들의 리더십을 연구하고 있다.

고려대 법대를 졸업하고, 동대학원에서 정치학 석사와 행정학 박사학위를 수료했다. 언론계를 거쳐 청와대 정책기획수석실 선임국장과 대통령직속 정부혁신위원회의 정책홍보실장을 역임했고, 고려대 연구교수와 경희대 겸임교수, 미국 남가주대(USC) 초빙교수, 세한대학교(전 대불대) 부총장을 지냈다. 현재 세한대학교 교수, 대통령리더십연구원 원장, 한국대통령리더십학회 회장, 사단법인 한국리더십개발원 원장을 겸하고 있다. 최근에는 유튜브 〈최진의 대통령TV〉를 개설하여 우리사회에 올바른 대안을 제시하는 한편, 양극단주의 해소를 위한 '중도론'을 적극 전파하고 있다.

주요 저서는 〈권력자의 심리를 묻다〉, 〈레임덕의 이론과 실제〉, 〈대통령의 독서법〉, 〈하나님이 원하는 지도자〉 등 총 10권이며, 그 가운데 〈대통령리더십총론〉과 〈참모론〉은 국내에서 가장 권위 있는 대한민국학술원과 문화체육관광부의 우수학술도서로 선정되어 고려대, 한양대, 경찰대, 국방대 등 주요 대학교재로 채택되었고, 미국의 하버드대와 콜롬비아대, UCLA 등 주요 대학에도 소장되어 있다. 그는 또 KBS, MBC 등 지상파와 YTN, 연합TV 등 각종 종편에 출연하면서 〈뉴욕타임즈〉, 〈로이터통신〉, 〈교토통신〉 등 세계적 외신들과 인터뷰활동을 해오고 있다.

연락처 : 대통령리더십연구원
(02) 784-2087 cj0208@hanmail.net

지금 우리에게 꼭 필요한 지혜의 지배자

　지금 우리에게 지혜의 지배자가 너무나 절실하다. 밖으로 트
럼프 & 일론 머스크 태풍이 불어닥치고, 안으로 정치한파가 매
섭다. 우리는 현재에 행복하고, 미래에 성공하려면 과거로부터
답을 빨리 찾아야 한다. 심리학자들도 한결같이 '과거'의 중요성
을 강조하고 있다. 그런 점에서 김대중의 리더십은 오늘날 아주
훌륭한 지혜의 롤모델이다. 그가 살아온 성장과정과 삶, 그리고
리더십을 보면, 우리가 지금, 또 앞으로 어떻게 해나가야 할지
를 명확하게 말해준다. 나는 언론인, 청와대 참모, 대통령리더
십 전문가로서 20년 이상 그를 수없이 독대하고 관찰한 결과,
김대중은 지극히 현실적이고 미래지향적이며, 특히 실리를 중시
했던 실용주의자라고 확신하기에 이 책을 펴냈다. 지금 국정을
운영하고 있는 사람들, 미래를 꿈꾸는 차기 대권주자들, 그리고
오늘도 열심히 일하는 CEO에게도 포커스를 맞추어 집필했다.

　이 책은 김대중을 테마로 하는 실패학인 동시에 성공심리학이
다. 나는 김대중을 생각할 때마다 한 인간이 어떻게 그토록 혹
독한 시련을 참고 견뎌낼 수 있으며, 어떻게 그 많은 일들을 해

낼 수 있을까 감탄하곤 한다. 그는 어둠의 세월 속에서도 사업, 언론, 웅변, 칼럼, 통일, 서예, 분재, 역사, 집필 등 20여 개 분야에서 전문가 이상의 실력을 쌓았고 대통령으로서도 성공적이었다. 그가 제시하는 절박함의 원리, 감성전략, 위기관리법 등 10계명과 소중한 지혜는 여러분에게 꼭 필요한 노하우와 성공전략이 될 것이다. 마침 올해가 김대중 탄생 100주기이자 서거 15주기라는 점에서 이 책은 더욱 의미가 있다고 본다.

이 책이 기존의 김대중 관련 서적들과 다른 점은 다섯 가지다. 첫째, 자기계발서다. 김대중의 삶과 리더십을 자기계발서 형태로 만든 책은 처음일 것이다. 둘째, 심리학적 분석이다. 정치 상황이 아니라 입지전적인 인물의 성장사와 심리를 집중 조명했기 때문에 정치인과 CEO를 포함하여 모든 사람들에게 도움이 되리라고 본다. 셋째, 중립성이다. 대통령리더십 전문가로서 정파와 이념, 진영 논리를 떠나 최대한 객관적으로 접근했다. 넷째, 생생한 현장감이다. 내가 오랫동안 만나고 함께 일했던 김대중과의 경험담이 많아서 피부에 와닿을 것이다. 다섯 번째로 모든 내용을 망라한 총론서다. 이 책 한 권이면 김대중은 물론 차기 대권주자와 CEO에 대한 모든 것을 파악할 수 있도록 방대한 내용을 다루되 최대한 압축했다. 나는 그동안 10권의 저서를 통해 우리나라 역대 대통령들의 리더십을 분석해왔는데, 이 책은 김대중 리더십의 완결판이라고 보면 된다. 이 책이 여러분의 삶과 리더십을 향상시켜 스스로 지혜의 지배자가 되시기를 바란다.

아무쪼록 이 책이 그 어떤 정치 리더십 서적이나 자기계발서보다 더 재미있고 유익하기를 기대한다. 아울러 한국정치 발전에도 도움이 됐으면 좋겠다. 이 자리를 빌려 변함없이 저를 지켜봐주시고 격려해주시고 도와주신 분들께 고개숙여 감사드린다.

2024. 12.

최 진

차례

제1장

리더의 성장과정, 왜 중요한가

리더의 성장과정, 왜 중요한가[1]

나는 여기서 김대중의 과거사를 새삼스럽게 재조명할 생각은 없다. 다만 인간 김대중의 과거를 통해서 여러분의 현재와 미래에 대한 해답과 노하우를 제공하고자 한다.

심리학자들이 웃는 이유

프로이드를 비롯한 심리학자들이 말하는 '지도자론'은 의외로 간단하다. 그 사람의 과거를 알면 그의 현재와 미래를 알 수 있다는 것이다. 역으로 그 사람의 현재와 미래를 알고 싶다면, 그의 과거를 들여다보면 된다. 김대중도 그의 성장과정을 보면 그의 리더십과 국정운영방식을 알 수 있다. 아울러 김대중 리더십이라는 과거의 리더십을 통해 현재와 미래에 필요한 리더십 모

---

1) 최진, <대통령리더십 총론>(2007, 법문사), <권력자의 심리를 묻다>(2019, 지식의숲) 참조

델을 찾을 수 있다. 따라서 차기 대권주자나 CEO들도 그들의 과거를 들여다보면 현재와 미래를 알 수 있다는 것이 심리학의 핵심 원리다. 여러분은 중요한 일을 할 때마다 과거의 자신을 되돌아보면서 행동한다면, 실수를 최소화하고 더 나은 현재와 미래를 만들어나갈 수 있을 것이다.

만약 프로이드를 비롯한 세계적인 심리학자들이 김대중을 보면 뭐라고 할까? "야, 드디어 최고의 연구대상을 찾았다"고 반색하지 않을까? 그들이 볼 때, 김대중은 세계적으로도 보기 드물게 파란만장한 성장과정을 가졌고, 누구보다 심한 콤플렉스와 트라우마를 겪은 사람이어서 연구할만한 소재들이 무궁무진하다고 생각할 것이다. 심리학자들에 의하면, 김대중의 고향, 부모형제, 학창시절, 정치역정 등 그의 파란만장한 삶을 통해 리더십과 국정운영방식, 즉 화법, 정책, 용인술까지 많은 것들을 파악할 수 있다. 프로이드는 "당신이 가장 주의 깊게 살펴봐야 할 대상은 바로 당신의 과거"라며 "당신의 감정은 오랫동안 살아서 숨어 있다가 다른 방식으로 표출된다"고 말했다. 김대중을 비롯하여 누구든지 그 사람을 주의 깊게 살펴보고자 한다면, 그의 과거를 잘 들여다보라는 얘기다. 누군가 윤석열 대통령과 차기 대권주자들의 현재와 미래의 모습을 알고 싶다면, 그의 과거인 성장과정과 삶을 들여다볼 필요가 있다. 보통 사람들도 마찬가지다. 누군가의 현재의 모습과 미래의 모습을 알고 싶다면 그의 과거의 모습을 살펴보면 된다. 미국 같은 선진국은 대선 후보들의 조상, 부모, 학창시절 등 과거 행적을 오랜 기간에 걸쳐 낱낱이 파헤친다.

지혜의 지배자 김대중

우리나라 역대 대통령들을 정치학적 시각으로 보면 정파에 따라서 호불호가 뚜렷하게 엇갈리겠지만, 심리학적 시각으로 보면, 모두 배울 바가 있다. 이승만-박정희 대통령의 리더십에서 배울 점이 얼마나 많겠는가? 노무현 대통령도 마찬가지다. 전두환 대통령에게는 배울 점이 없겠는가? 서점가에서 가장 오랫동안, 가장 많이 팔리는 책 가운데 하나가 히틀러 관련 책이라는 것을 어떻게 생각하는가? 그의 선전선동술, 카리스마, 프로파간다, 용인술 등은 오늘날에도 널리 읽히고 있다. 사람들은 히틀러의 나쁜 정치가 아니라 히틀러의 독특한 리더십을 들여다보려고 하는 것이다.

　심리학자들이 윤석열 대통령과 이재명, 한동훈 같은 차기 대권주자들의 성장과정을 보고 뭐라고 할까? 어린 시절 거짓말을 밥 먹듯이 하고 사고만 치던 아이가 훗날 정직한 지도자가 될 가능성은 적다. 반대로 어린 시절 정직하고 부지런히 살았던 사람은 훗날 좋은 지도자가 될 가능성이 높다. CEO들도 마찬가지다. 인간의 과거는 바꿀 수 없는 팩트요 진실이며, 미래의 예고편이기 때문이다. 그래서 나는 대통령을 비롯해서 여야 정치인들의 리더십을 분석할 때 가장 먼저 그의 '성장과정'을 면밀히 들여다본다. 이런 정치심리학적 접근방식은 인간의 본질을 들여다보는 일이다.

　우리가 앞으로 좋은 지도자를 선택하려면, 그들의 과거를 들여다보는 것이 가장 확실한 검증 방법이다. 따라서 차기 대권주자든 CEO든 냉철한 시선으로 각자 과거의 장단점을 되돌아보며 현재와 미래를 설계하면, 성공할 확률이 훨씬 높아질 것이다.

저항의 섬, 하의도

　고향은 그 사람의 정신세계에 많은 영향을 준다는 것이 심리학자들의 공통된 이론이다. 칼 융과 같은 세계적인 성격심리학자는 출생지의 문화나 관습, 관행이 수백년, 수천년에 걸쳐 유전된다는 '집단 무의식 이론'까지 제시했다. 김대중이 태어나고 자란 하의도를 보면, 그의 정신세계와 리더십을 짐작할 수 있다. 고향은 삶의 뿌리요 리더십의 원천이기 때문이다. 차기 대권주자들도 단순히 고향이 어디냐가 아니라 그곳의 시대적-역사적 배경을 알아볼 필요가 있다. 세월이 흘렀더라도 고향의 의미를 되새겨보는 것 자체가 좋은 심리적 효과가 있다. 당신의 고향은 어디인가?

　김대중은 1924년 1월 6일 육지인 전남 목포(木浦)에서 직선거리로 34km나 떨어져 있는 전남 신안군 하의도의 농가에서 아버지 김운식과 어머니 장수금 사이에서 5남매(4남 1녀) 중 2남으로 태어났다. 당시 하의면은 1천여 세대, 약 2,700여 명의 주민들이 살고 있었고, 가장 넓은 섬인 하의도를 비롯해 56개의 작은 섬으로 구성되어 있었다. 이 낙후된 마을에서 초가집이 사라지고 전깃불이 들어온 때는 1979년쯤이었다. 여기서 우리는 김대중의 정신적 뿌리와 관련하여 몇 가지 중요한 포인트를 알게 된다.

　먼저 김대중은 섬 출신이라는 점이다. 심리학적으로 바다와 파도를 보고 자란 섬 출신은 무의식적으로 육지로 진출하려는 야망과 도전정신, 정신력이 강하다. 김대중은 자서전에서 "나는 바다를 좋아한다. 어릴적 수평선 저쪽까지 섬들 사이사이의 광활한 바다를 보면서 꿈과 낭만을 찾았다"면서 "언젠가 넓고 넓은 바다가 보이는 언덕 위에 아담한 기와집 한 채를 짓고 살고 싶다"고 말했다. 어린 시절 넓은 바다와 거친 파도를 보고 자라면 '대양심'을 갖게 된다. '대양심'(大洋心·oceanic mind)은 바다처럼 넓은 마음이라는 뜻으로 '야망'이라고 해석하면 된다. 역시 섬 출신인 김영삼이나 나폴레옹도 푸른 바다와 출렁이는 파도를 바라보면서 야망을 품고 자랐다.

하의도는 유난히 '역사적 트라우마'(historical trauma)가 많은 곳이다. 멀리 삼국시대부터 고려, 조선시대를 거치며 유배지, 왜구의 노략질, 소작쟁의로 통한의 역사를 간직한 곳일 뿐만 아니라 조선 선조 때는 왕족에게 하사된 토지 때문에 착취가 심했다. 19세기 말 동학운동 때는 이곳으로 피신해온 동학 선비들이 울분을 달랬고, 1919년에는 독립운동가인 설산 장덕수가 상해에서 서울로 잠입하다가 일본군에 체포되어 유배된 곳이기도 하다. 일제강점기에는 섬 전체가 일본인의 소유지가 되어버린 탓에 소작반대 투쟁이 격렬하게 일어났다. 자연히 어린 김대중의 잠재의식 속에는 저항정신이 깊게 자리 잡았을 것이다. 그가 일찍이 반독재 민주화투쟁에 앞장섰던 것도 하의도 특유의 저항정신이 작용했으리라고 본다. 훗날 김대중은 자서전에서 "내가 태어난 토양이 민중의 한편에 서서 불의에 항거하는 힘을 주었다"고 술회했다. 확실히 저항의 섬 하의도는 김대중 정신의 원천이요, 리더십의 근간인 동시에 역사적 트라우마였다.

세월이 흘러 2024년 작가 한강은 '대한민국의 역사적 트라우마' 덕분에 노벨문학상을 수상했다. 스웨덴 한림원은 5·18 민주화운동과 제주 4·3 사건을 다룬 한 작가의 작품세계에 대해 "작품마다 역사적 트라우마를 직시하였고, 인간 삶의 연약함을 드러내는 강렬한 시적 산문을 선보였다"고 높이 평가했다. 이제 김대중을 비롯해 우리 국민들이 겪어왔던 역사적 트라우마는 문학으로 승화되어 전 세계적으로 알려지게 되었다. 미국의 뉴욕타임즈는 "김대중 대통령의 노벨평화상과 한강의 노벨문학상 수상의 저변에는 분단과 전쟁, 군사독재, 민중학살, 민주주의를 위한 피비린내 나는 투쟁 등 격동의 현대사가 담겨있다"고 보도했다. 여기서 중요한 사실은 한 작가가 태어난 고향이 광주라는 사실이다. 그녀는 고향의 역사적 트라우마를 문학적으로 승화시켜 대성공을 거두었다. 여러분도 정신적 뿌리인 고향의 역사적, 시대적 의미를 조용히 되짚어보시기 바란다.

　　우리는 장차 대한민국의 미래를 책임질 차기 대권주자들의 정신세계와 리더십의 뿌리를 제대로 파악해야 한다. 이를 위해서는 그들이 태어나고 자란 고향의 역사적, 시대적 배경을 들여다볼 필요가 있다. 영남이냐 호남이냐는 지역 자체가 아니라 성장과정에서 많은 영향을 주었던 지역적 특성을 의미한다. 예컨대, 이재명의 대구 안동 산골마을, 한동훈의 서울 강남, 홍준표의 경남 창녕 출생지의 옛 환경을 들여다보면, 그들의 정서적 근원을 파악할 수 있다. 자신에게 자긍심을 심어줄만한 고향의 내력이나 추억이 있다면 그것을 잘 승화시켜 나아가길 바란다.

　　　　　　　　　　　　　　　　　　　지혜의 지배자 김대중

가슴 아픈 가족사와 부모 DNA

• 슬픈 가족사(史)

누구에게나 말 못할 가족사가 있지만, 국가지도자가 될 사람이라면 좀 더 정밀하게 들여다볼 필요가 있다. 가족사는 삶과 리더십에 많은 영향을 미치고 정서적 환경과 심리상태를 말해준다. 당신의 가족사가 아무리 힘들었다고 해도 김대중만큼 그렇게 처절하지는 않았을 것이다. 그의 잔혹한 가족사는 훗날 국정 운영 과정에서 다양한 형태로 나타나게 된다. 그래서 윤석열 대통령을 비롯해서 이재명-한동훈-홍준표 등 차기 대권주자들의 가족사는 매우 중요한 의미를 갖는다. CEO들도 마찬가지다.

김대중은 본인을 포함해서 부모, 아내, 여동생, 형제자매, 자식들에 이르기까지 도무지 평탄한 사람이 없었다. 이런 비극적 가족사가 그의 성격과 리더십에 많은 영향을 끼쳤음은 물론이다. 나는 그의 가족사를 잘 알고 있지만, 여기서는 간략히 소개하고자 한다. 우선 김대중의 생부(生父)가 누구냐를 놓고 말이 많았다. 선거 때마다 김대중의 성(姓)이 원래 김씨가 아니라 다른 성씨였다는 공격 때문에 김대중은 진땀을 흘렸다. 어머니가 본처냐 후처냐도 도마 위에 올랐다. 결혼생활이 순탄치 못해 힘겨운 삶을 살아온 어머니는 1972년인 향년 80세에 세상을 떠났다. 김대중은 늘 적자냐, 서자냐는 논란에 휩싸였다. 오늘날 적자-서자 논란은 별 의미가 없지만 1990년대만 해도 가족사 논란은 선거전에서 먹혀들었다. 심리학적으로 출생 논란은 정체성 혼란과 출생 콤플렉스를 갖게 만든다. 김대중은 평생 그런 정신적 멍에를 짊어지고 살아야 했다.

결혼생활도 순탄치 못했다. 첫눈에 반해 결혼한 첫 번째 부인 차용애는 두 아들을 남기고 세상을 떠났다. 남편이 선거에서 연거푸 떨어지고 생계마저 어렵던 와중에 갑자기 세상을 떠난 것이다. 그녀에 대한 안타까움과 미안함은 평생 사라지지 않았다. 설상가상으로 각별히 아꼈던 여동생이 이화여대 영문과에 다니던 중 심장병으로 세상을 떠나 김대중은 꽤 오랫동안 슬픔에 잠겼다. 비극의 연속이었다. 그 후 김대중은 시민운동가로 활동하던 이희호를 만나 1962년 재혼해 겨우 안정을 찾았지만 정치적인 앞길은 바람 잘 날 없었다. 자식들은 또 어떤가? 세 아들 가운데 장남 홍일과 차남 홍업은 차용애가 낳았고, 막내 아들 홍걸은 이희호가 낳았는데, 그들의 앞길도 순탄치 못했다. 아버지가 오랜 기간 반독재 투쟁에 앞장서다 감옥에 가니 보살핌을 제대로 받지 못했고, 장남은 고문 후유증으로 평생 고생했다. 참으로 가슴 아픈 가족사였다.

슬픈 가족사 중에서 특히 여성 가족사가 심했다. 김대중은 어머니, 아내, 여동생의 비극적 삶을 보면서 한국 여성들의 애환을 남달리 강하게 느꼈고 이는 훗날 그의 인생철학과 정책에도 깊이 투영된 것으로 보인다. 그는 '가정의 소중함'을 유난히 강조했고, 최초의 여성부 신설, 여성인재 대폭 등용, 여성권익 향상, 여성복지정책 확대 등 여성분야에서 각별히 관심을 쏟아 많

지혜의 지배자 김대중

은 성과를 거두었다. 이에 대해 정치심리학자 라스웰은 '사적 동기의 공적 목표로의 전환'이라는 표현을 사용했다. 사람들은 과거 사적인 일을 자신도 모르게 무의식 속에 깊이 간직해 두었다가 먼 훗날 자신도 모르게 공적인 일로 전환하여 목표를 달성한다는 것이다. 대통령이나 차기 대권주자들의 가족사를 살펴보는 것은 그들의 어린 시절 정서적 환경을 알아보고, 사적 동기와 공적 목표를 살펴보는 데 도움이 된다. 예컨대, 이재명-한동훈 등의 가족사는 그의 삶에 어떤 영향을 주었고, 그가 만약 대통령이 된다면 어떤 형태로 표출될지에 대해서도 좀 더 체계적으로 들여다봐야 한다. 그렇다면 당신의 가족사는 어떤가? 당신의 가족사가 평탄한다고 해서 좋은 것만도 아니고, 우여곡절이 많다고 해서 나쁜 것만도 아니다. 과거사인 만큼 있는 그대로 받아들이되 앞으로 극복해야 할 부분을 염두에 두고 노력해나가면 된다. 앞으로 김대중의 후손들이 밝은 가족사를 열어가기를 기대한다. 김대중의 손자인 김종대(김홍업의 아들)를 비롯한 전도유망한 제3~4세대들이 우리 사회에 새롭게 기여했으면 좋겠다.

• 아버지의 정치인 DNA와 어머니의 사업가 DNA

리더십을 연구하는 사람들이 의외로 '가볍게' 다루는 부분 중의 하나가 '부모의 영향'이다. 칼 융 같은 세계적인 심리학자는 "부모의 이루지 못한 삶보다 자녀에게 더 큰 심리적 영향을 끼치는 것은 없다"는 아주 의미심장한 말을 남겼다. 한마디로 부모의 삶이 자녀에게 의외로 많은 영향을 끼친다는 얘기다. 우리 스스로도 그런 사실을 잘 알고 있지만, 의외로 부모의 영향을 가볍게 다루는 경향이 있다. 미국 같은 선진국은 케네디, 오바마, 트럼프에서 보았듯이 대권주자들의 부모에 대해 깊숙이 파헤친다. 앞으로 우리는 도덕성과 품성 검증 차원에서 정치지도자들의 부모에 대해 좀 더 정교하고 과학적으로 들여다볼 필요가 있다.

정치인의 자질과 경제인의 자질을 함께 갖고 있었던 김대중은 아버지로부터 정치인 DNA를, 어머니로부터 사업가 DNA를 물려받은 것 같다. 아버지는 농사를 지었지만 '정치'에 관심이 많았고, 어머니는 집안 생계를 꾸리며 여관업을 하는 등 '경제'에 남다른 수완을 보여 주었다. 아버지 김운식은 하의도의 리더격인 이장(里長)을 맡아 하의도 소작쟁의를 주도하고 있었다. 자연히 정치에 관심이 많았고, 하의도와 목포, 광주, 서울을 오가며 사실상 정치활동을 했다. 그는 어린 김대중에게 우리 역사의 우월성을 가르쳐주기도 하고, 일제시대 불온문서에 해당하는 조선왕조 계통도(系統圖)를 집안에 숨겨놓고 가끔 펼쳐서 설명해 주었다. 당시 김대중의 집에는 하의도에서 유일하게 신문이 배달되었는데, 그때부터 신문보는 습관을 길렀다고 한다. 훗날 정치인이 된 후에는 매일 아침 6시경부터 10여 개의 국내 일간지를 보며 국내외 정세를 파악했다. 일제하에서 일본말을 배우지 않을 정도로 반일감정이 강했던 아버지는 예능에도 재주가 많아서 '쑥대머리'를 즐겨 불렀는데 판소리를 본격적으로 배웠다면 명창이 되고도 남을 실력이었다고 한다. 결국 김대중은 아버지에게 정치성향과 항일정신, 역사의식, 판소리 사랑까지 4가지 기질을 물려받았다.

지혜의 지배자 김대중

어머니 장수금씨는 사업수완이 남달랐다. 17세의 나이에 첫 남편과 사별한 뒤, 김운식의 집으로 시집와서 천성적인 부지런함으로 부족한 살림살이를 키워나갔다. 김대중은 자서전에서 "어머니가 아니었더라면 우리 집은 제대로 유지될 수 없었을 것"이라고 회고했다. 어머니는 또 교육열이 높아서 아들의 목포 유학을 위해 하의도의 재산을 모두 처분했을 정도로 과감하고 헌신적이었다. 김대중이 20대 때 해운업에 성공하고 지역 언론사까지 인수한 것은 어머니의 사업수완을 물려받은 것으로 보인다. 결론적으로 김대중은 아버지에게 '정치인 DNA'를, 어머니에게 '사업가 DNA'을 각각 물려받아 훗날 대통령이 되어 정치와 경제 두 분야에서 능력을 잘 발휘했다고 본다. 역대 대통령 가운데 박정희 대통령은 그의 강인한 외모와 엄격한 성격, 두주불사 주량, 무인 기질, 혁명적 사고방식 등이 아버지 박성빈을 빼닮았다. 독자 여러분도 부모님을 생각해보기 바란다. 부전자전(父傳子傳)이라는 말이 절대 그냥 나온 말이 아니다.

앞으로 차기 대권주자들의 내면이나 심성을 알려면, 그들의 부모를 들여다보면 된다. 그들의 부모가 살아온 행적을 살펴보면, 자식의 정치적 행적을 짐작할 수 있다. 미국이나 유럽, 동남아 정치지도자들의 가문을 보면, 후대에서 그대로 재현되고 있음을 알 수 있다. 독자 여러분도 부모의 성격과 스타일, 장단점을 잘 분석해보기 바란다. 현재의 자가진단과 미래의 성공을 위해 많은 도움이 될 것이다.

뛰어난 학창시절의 추억과 악몽

　누구나 초중고 학창시절 소중한 추억이 있다. '소중한 추억'이
란 그 시절의 사고방식과 대인관계를 의미하며, 그 기본틀은 세
월이 흘러도 좀처럼 변하지 않는다. 그래서 차기 대권주자나
CEO들의 학창시절을 들여다보는 것은 훗날 그들의 정신세계와
리더십을 연구하는 데 매우 중요하다. 김대중의 학창시절을 한
마디로 정리하면 '추억'과 '악몽'의 교차로였다. 학업성적이 뛰어
나고 반장을 맡아 리더 역할을 한 것은 추억이었지만, 일본인
선생과 일본인 학생들에게 억압받고 왕따당한 것은 악몽이었다.
그게 훗날 어떤 영향을 주었을까? 당신의 학창시절은 무엇이 영
향을 주었는지도 생각해보라.

　역대 대통령 중에서 학창시절의 성적이 가장 뛰어난 사람은
김대중이었다.[2] 당시의 목포는 큰 도시였고, 호남 일대와 일본,
중국 등 주변 국가의 수재들이 몰려들어 경쟁을 벌였는데 늘 선
두를 달렸다. 이미 7살 때부터 '덕봉강당'이라는 하의도 서당(書
堂)에서 치른 시험에서 줄곧 장원을 차지했고, 하의도에 있는
하의보통학교에서도 늘 1~2등이었으며, 전학 간 목포 북교국민
학교에서는 4학년 때 73명 중 2등, 5학년 때도 2등을 했고, 6
학년 때는 72명 중 1등을 차지해 1939년 수석으로 졸업했다. 같
은 해 호남의 명문으로 꼽혔던 목포상고 입학시험에서 전체 164
명 중 수석으로 합격했다. 입학 후에도 전교 1~2등을 놓치지

---

2) 최진, <대통령의 공부법>(2011, 넥서스) 김대중편 참조

　　　　　　　　　　　　　　　지혜의 지배자 김대중

않았다. 더욱 놀라운 것은 당시 일제강점기 일본인 선생과 일본인 학생들이 모든 것을 주도하는 상황에서 학급대표로 선출되었다는 점이다. 그는 이미 10대 때부터 일본인들 사이에서 제법 '유명 인사'가 되어 있었다.

당신은 학창시절에 어떤 분야에 가장 관심이 많았고, 소질이 있었는가? 김대중이 학창시절에 특출나게 두각을 나타낸 분야는 수학과 역사, 그리고 웅변이었다. 그가 수학에 재능이 뛰어났던 것은 훗날 수리(數理) 개념이 요구되는 경제 분야에서 능력을 발휘했던 것과도 관련이 깊다. 수학적 사고가 없으면 경제를 알기가 어렵다. 박정희도 학창시절에 수학 점수가 유난히 높았는데 훗날 경제 분야에서 능력을 유감없이 발휘했다. 김대중은 역사 실력도 뛰어났는데, 일본인 선생이 일본인 학생들에게 "너희들은 일본인인데 조선인인 김대중보다 일본역사를 더 모른다는게 말이 되느냐?"고 나무랄 정도였다. 김대중은 일본이라는 나라는 싫었지만 일본역사에 대해서는 많은 관심을 가졌고, 해방 후에는 우리나라와 세계 역사 전반에 대해 관심을 가졌다. 일찍부터 역사의식이 남달랐던 것이다. 웅변실력도 단연 돋보였다. 목포상고 2학년 때 담임 선생이었던 무쿠모토는 여러 학생들 앞에서 "김대중의 웅변은 일본 대의사(국회의원)가 의사당에서 연설하는 것 못지않다"고 극찬했다. 도대체 웅변실력이 얼마나 뛰어났길래 고등학생이 일본 국회의원들이 의사당에서 연설하는 것 못지않다고 했을까? 김대중은 고교 졸업 후에도 전국웅변단체의 간부를 맡았고, 정치에 입문한 이후에는 대중연설과 국회연설로 이름을 날렸다. 결국 학창시절의 특징이 훗날 정치와 국정운영을 할 때 고스란히 재현되었다. 여러분도 학창시절에 무언가에 집중했거나 관심을 가졌다면, 훗날 비슷한 형태로 재현되었을 가능성이 높다.

학창시절에 공부도 잘하고 똑똑했던 김대중은 오히려 그것 때문에 일본인 선생과 일본인 학생들로부터 더 심한 멸시를 당하기도 했다. 일본인 선생들은 그의 학적부에 '비판의식이 강하다'고 적었는가 하면, 일본인 선배들은 그를 으슥한 곳으로 불러 주먹질을 했다. 누구에게나 학창시절의 행적은 중요한 관전 포인트다. 그것은 공부를 잘 했느냐 못했느냐가 아니라 특별히 어떤 분야에서 재능을 보였고, 교우관계는 어떠했는지 등을 알아보는 것이 의미가 있다.

정치지도자나 CEO들의 학창시절을 들여다보면, 미래의 모습을 짐작할 수 있다. 윤석열의 낭만적인 서울대 학창시절을 통해 오늘날의 국정운영방식을 짐작할 수 있듯이, 차기 대권주자들의 학창시절을 통해 오늘날의 이념과 정책방향을 짐작할 수 있고 나아가 미래의 국정운영방식도 예측할 수 있다. 이재명, 홍준표는 가난 때문에 힘겨운 학창시절을 보낸 반면에, 한동훈, 안철수는 여유 있는 가정형편 덕분에 순탄한 학창시절을 보냈다. 그런 학창시절의 차이가 훗날 보수와 진보의 이념을 가르고, 정책방향에도 중요한 영향을 미친다. CEO들에게도 과거 학창시절의 특징적인 측면이 훗날 경영철학과 회사운영방식에서 비슷한 형태로 나타나는 경우가 많다. 학창시절은 세계관의 기본틀이 형성되는 중요한 시기이기 때문에 정밀하게 들여다봐야 한다.

지혜의 지배자 김대중

승승장구한 청년 사업가 시절

당신에게 사업가 기질이 있다면, 그것은 큰 행운이다. 대통령이나 대권주자도 경영마인드를 갖고 있다면, 큰 장점이다. 현대 국가는 '통치'하는 것이 아니라 '경영'하기 때문이다. 국가지도자가 사업가 기질, 즉 경영 마인드가 있으면 아무래도 나라 경제와 민생에 도움이 되지 않겠는가? 요즘에는 대통령의 해외순방도 세일즈 외교라고 부른다. 차기 대권주자들 가운데 경영마인드를 가진 사람이 누구일까? 당신은 사업가 기질 즉, 경영 마인드를 갖고 있는가?

김대중에 대한 책을 쓰거나 연구하는 사람들이 의외로 소홀하게 다루거나 아예 빼먹기도 하는 부분은 '20대 청년 사업가 시절'이다. 일반인에게도 가장 알려지지 않은 부분이기도 하다. 그러나 사실은 이 시기가 '김대중의 최고 전성기'였다. 그는 19살(1944년) 때 해운회사에 취직해서 29살(1954년) 때 처음으로 선거에 출마하기 전까지 딱 10년 동안 사업을 했는데, 놀라운 사업수완을 보여주었다. 말 그대로 10년 동안 승승장구하여 20대 중반에 목포 일대에서 제일 잘 나가는 청년 사업가가 되었다. 김대중은 "내가 정치를 안했다면 사업으로 성공했을 것"이라고 말하곤 했는데, 빈말이 아니었다. 이런 사업능력은 훗날 국가경영을 위해 요긴하게 쓰였다.

청년 김대중의 20대를 보자. 1944년 목포상고를 졸업하자마자 목포상선이라는 해운회사에 평사원으로 취직했다. 이후 그는 1945년 해방, 1948년 정부 수립, 1950년 한국전쟁의 혼란기를 거치며 초고속으로 성장했다. 일제하의 목포는 호남 일대에서 가장 크고 활기찬 항구도시였고, 일본과의 교역으로 해운업이 발달해 있었다. 목포에서 성공한 사람이면 호남 일대, 나아가 전국적으로 성공한 사람이라고 해도 과언이 아니었다. 그런 상황에서 약관 20대의 김대중은 쟁쟁한 사업가들을 제치고 우뚝 섰다. 그는 목포상선 사원에서 출발해서 목포상선합동조합 위원장, 동양해운 사장, 목포일보 사장, 흥국해운 사장, 전남해운조합 회장, 한국해운조합연합회 이사로 탄탄대로를 달렸다. 20대 중반에 제법 큰 회사의 대표와 언론사 사주에 조합 임원까지 겸하고 있었다. 요컨대, 김대중의 20대 시절 10년은 청년 사업가의 화려한 전성기였다.

그가 젊은 나이에 사업에 성공할 수 있었던 이유는 크게 세 가지라고 본다. 첫 번째는 사업수완이 남달랐던 어머니의 DNA를 물려받았다. 이건희, 정주영 등 대기업 총수는 물론 중소기업을 경영하는 사람들과 그 자녀들을 봐도 유전적 요인이 매우 중요해 보인다. 두 번째는 사업적 학습과 훈련이다. 그는 어릴 때부터 수학을 특별히 잘했고 목포상고에서는 주산, 부기, 회계 등 사업에 필수적인 과목들을 배웠다. 그는 훗날 〈대중경제론〉 같은 경제서적을 쓸 정도로 경제 분야에 밝았다. 세 번째는 요즘 용어로 융합능력이 뛰어났다. 회사일을 넓은 시각에서 바라보았고, 주어진 일만 열심히 한 것이 아니라 나름대로 리더십을 발휘했다. 한국인과 일본인 사이에 충돌이 생겼을 때는 앞장서

지혜의 지배자 김대중

서 협상력을 발휘해 사장의 신임을 얻었다. 즉, 청년 사업가 김대중의 성공 배경에는 어머니에게 물려받은 타고난 사업가 기질과 사업적 교육과 훈련, 그리고 리더십이 복합적으로 작용한 것으로 보인다.

　장차 대한민국의 경제를 이끌어갈 수 있는 경영능력을 가장 잘 갖춘 차기 대권주자는 누구라고 생각하는가? 이에 대한 평가와 선택은 독자들이 객관적·주도적으로 해주기를 바란다. CEO 출신 대권주자로 안철수가 떠오른다. 그는 의사 출신의 성공한 벤처사업가였다는 점을 잘 부각해 나가면 더 많은 지지를 얻을 수 있을 것이다. 오세훈 서울시장, 김동연 경기도지사, 홍준표 대구시장, 원희룡 전 제주도지사처럼 지방자치단체의 장으로 일한 것도 행정경험과 함께 경영마인드를 익히는 데 도움이 되었을 것이다. 국무총리와 전남도지사를 지낸 이낙연, 역시 국무총리와 행자부 장관을 지낸 김부겸도 풍부한 행정경험과 함께 경영마인드를 체득했을 것이다. 국민들이 먹고 사는 문제가 갈수록 중요해지고 있는 터에 정치지도자의 경영마인드는 중요한 자질이다. 다음 대선에서는 경영마인드를 갖춘 차기 대권주자가 높은 지지를 얻게 될 것이다.

확고한 역사의식

  요즘 우리 정치인들에게 가장 찾아보기 어려운 것 중의 하나가 '역사의식'이 아닐까? 친일논쟁이나 건국논쟁은 차원이 다른 문제다. 확고한 역사의식을 가진 사람의 가장 큰 장점은 코앞의 작은 이익과 정쟁에 집착하거나 휘둘리지 않는다는 점이다. 그런 점에서 김대중의 역사의식은 높이 평가받을만하다. 그의 역사 지식이나 견문은 웬만한 역사학자 수준을 뛰어 넘었다. 그가 감옥에서 가장 많이 읽었던 책도 역사서적이었고, 세상을 떠나기 직전까지 읽었던 마지막 책도 만화 〈조선왕조실록〉이었다. 당신은 차기 대권주자들 가운데 누가 가장 올바른 역사의식을 갖고 있다고 보는가?

  평생 '역사의 심판'을 굳게 믿었던 김대중은 이렇게 말했다. "역사는 우리에게 진실만을 말하지는 않지만, 결국 시간 앞에 무릎을 꿇는다. 시간이 지나면 역사의 진실을 알게 될 것이다" 그는 또 "그토록 참담한 체험을 하면서 무엇 때문에 옳게 살려고 그렇게도 애를 썼는가라는 질문을 받을 때마다 역사를 믿으며 살아가자고 생각해왔기 때문이라고 대답한다"고 말했다. 김대중은 "당시에는 오해를 받더라도 결국 역사가 정당한 평가를 내린다"면서 "진시황은 2천년 이상이나 역사상 전무후무한 폭군(暴君)으로 비난받아왔으나 지금 와서는 역사 속에서 가장 탁월했던 정치가라는 평도 받고 있다"고 말했다. 정치인이나 CEO들이 역사적 안목을 갖게 되면, 객관적이고 거시적인 시각을 갖게 되어 현명한 판단을 내릴 가능성이 높아진다고 한다.

어떻게 김대중은 그토록 확고한 역사의식을 갖게 된 것일까? 첫 번째 요인은 하의도의 영향이다. 앞에서도 언급했듯이 하의도는 수난의 섬이었다. 멀리 삼국시대 때부터 겪어온 한 많은 하의도의 역사는 어린 김대중에게도 알게 모르게 정신적 영향을 주었을 것이다. 두 번째는 아버지의 영향이다. 아버지는 일제에 대항해 소작쟁의를 주도하고, 아들에게 틈틈이 우리 역사의식을 고취시켜 주었음은 앞에서도 설명했다. 세 번째는 일본 선생과 일본 학생들의 영향이다. 김대중은 학교에서 그들로부터 탄압과 멸시를 동시에 받으면서 애국심과 함께 항일의지를 갖게 되었다. 네 번째는 독재정권의 영향이다. 김대중은 박정희-전두환 군사정권으로부터 혹독하게 고초를 겪으면서 민주주의에 대한 확고한 신념과 함께 역사적 사명감을 갖게 되었다. 다섯 번째는 독서의 영향이다. 그는 수많은 책을 탐독하면서 자연스럽게 역사지식과 견문을 터득해 나갔다. 이 때문에 김대중의 저서, 어록, 각종 연설에는 '역사'라는 말이 수없이 등장한다. 김대중이 체계적인 역사의식을 갖는 데 가장 많은 영향을 받았다고 밝힌 역사서적은 아놀드 토인비의 〈역사의 연구〉와 라인홀드 니버의 〈도덕적인 인간과 비도덕적 사회〉였다.

김대중은 학창시절부터 역사 분야에서 두각을 나타냈다. 반일 감정이 강한데도 일본 역사 점수는 늘 만점이었다. 그런 그를 일본인 선생과 학생들은 대놓고 핀잔을 주거나 핍박하면서도 내심 혀를 내둘렀다. 김대중이 그토록 역사공부를 열심히 했던 이유는 우리나라가 도대체 무엇이 부족해서 일본의 지배를 받고 있는지에 대한 의구심과 한탄 때문이었다. 김대중은 훗날 자서전에서 "역사의 진실을 믿으며 옳게 살아온 사람은 반드시 역사에 의해 정당한 평가를 받는다"고 말했다. 옳게 살아온 사람과 옳게 살아온 민족은 반드시 승리한다는 역사의 진리를 강조한 것이다. 이렇게 일제강점기 학창시절부터 확고하게 다진 역사의식 덕분에 훗날 정치인이 되고 대통령이 되었을 때, 박정희 기념관 건립, 전두환·노태우 사면처럼 우리 역사를 거시적이고 통합적으로 접근하게 되었을 것이다. 김대중이 1975년 유신정권에 맞서 투쟁하면서 "행동하는 양심이 되자. 행동하지 않는 양심은 악의 편이다!"라고 외쳤던 것도 역사의식의 실천-실행을 강조했던 말이다.

지금 우리 정치지도자들 가운데 누가 가장 올바른 역사의식을 갖고 있다고 생각하는가? 이념과 당파성이 크게 편향되지 않고 거시적-중도적 안목을 가진 정치지도자 말이다. 솔직히 쉽게 떠오르지 않는다. 우리는 중립적인 입장에서 냉철하게 차기 대권주자의 '역사의식 검증'을 해나가야 한다.

처절한 콤플렉스 & 트라우마 극복의지

누구에게나 한두 가지 콤플렉스가 있지만, 김대중만큼 여러 개의 악성 콤플렉스에 시달리며 극복하려고 처절하게 몸부림친 사람도 드물다. 그는 세 가지 콤플렉스 때문에 평생 자신과의 싸움을 벌여야 했다. 그것은 출생(출신) 콤플렉스와 학력 콤플렉스, 그리고 레드(사상) 콤플렉스였다. 심리학자 융에 의하면, 콤플렉스는 '복잡한 감정덩어리'다. 사람들이 어떤 콤플렉스를 어떻게 극복했는지 아니면 끝내 극복하지 못했는지를 알면, 그의 내면 즉 정신세계를 알 수 있다. 차기 대권주자들 중에는 가난 콤플렉스, 외모 콤플렉스, 비주류 콤플렉스, 학력 콤플렉스가 유난히 심해 보이는 사람들이 있다. 그들이 콤플렉스를 완전히 극복했는지, 아직도 허덕이고 있는지 계속 지켜보려고 한다.

만약 당신이 첩의 아들로 태어나 놀림을 당했다고 생각해보라. 김대중은 서자(庶子)로 태어나서 출생 콤플렉스를 겪었는데, 그것은 평생 그를 우울하게 만들었던 잠재적 병리요인이었다. 지금으로부터 100년 전인 1914년에 태어났는데 그때만 해도 서자는 기죽어 살던 시대였다. 거기다 성인이 되어 선거에 출마할 때마다 공개적으로 공격을 당했으니 여간 괴롭지 않았을 것이다. 1992년 대선에 이어 1997년 대선 때도 극우 진영에서 김대중의 출생 문제를 집요하게 물고 늘어지자, 매우 곤혹스러워하던 모습이 선하다. 그의 출생 콤플렉스는 출신 콤플렉스 즉, '전라도 출신 콤플렉스'로 해석되기도 한다. 박정희-전두환-노태우로 이어지는 영남 출신 대통령이 30년 넘게 집권하면서 호남 출신인 김대중이 소외당하고 탄압받던 것을 빗댄 말이다. 그가 97년 대선에서 당선된 직후 여러 사람들 앞에서 했던 말도 전라도 콤플렉스의 발로가 아닌가 싶다. "여러분! 전라도 출신 대통령이 나왔다고 너무 기뻐하지 마십시오. 저는 서민, 청년, 장애인을 비롯해 온 국민의 대통령이 되고 싶습니다!" 그래서 그는 대통령에 당선된 후에도 그토록 동서화합, 영·호남 대화합에 앞장섰던 것일까?

학력 콤플렉스도 평생 따라다녔다. 학력 콤플렉스는 공부를 잘하는 사람이 그에 걸맞은 학력을 갖추지 못했을 때 더욱 심하게 나타난다. 김대중은 학업성적이 탁월했지만 일제하 격동기에 일제의 징병을 피하기 위해 대학에 진학하지 않고 취업을 택했다. 이른바 고졸 사원이었다. 이 때문인지 평생 학벌에 대한 열등감에 시달렸고, 이는 강렬한 지적 욕구로 이어졌다. 평생 독서에 탐닉했던 그의 서재에는 어마어마한 분량의 책들로 가득차 있었다. 그가 세계에서 가장 유명한 3대 명문 대학에 몸담았었다는 사실도 학력 콤플렉스의 반증이라고 본다. 그는 1983년 미국에 머물 때 하버드대의 명예 연구교수(펠로)였고, 1992년 대선 패배 후 영국에 머물 때는 캠브리지대 객원 교수였으며, 같은 해 모스크바대에서 정치학 박사학위를 받았다. 김대중은 서구에서 제일 유명한 미국 하버드대와 영국의 캠브리지대, 그리고 공산권에서 가장 유명한 러시아 모스크바대의 동문인 셈이다. 그는 국내외에서 명예박사학위만 18개를 받았는데, 이와는 별개로 러시아 모스크바대학에서 받은 정치학 박사학위는 직접 논문을 써서 제출하

지혜의 지배자 김대중

고 받은 '정식 박사학위'라고 자랑스럽게 말했다. 나는 그가 모스크바국립대에서 학위를 받던 현장에 있었다.

우리 역대 대통령들은 대부분 학력 콤플렉스가 있었다. 학력이 가장 화려했던 이승만조차 어린 시절 과거시험에 7번이나 떨어진 데 대한 콤플렉스가 심했고, 그것을 만회하기 위해 신학문을 배우는 배제학당에 들어간 덕분에 미국의 명문 대학으로 유학을 갈 수 있었다. 박정희-노무현-이명박도 학창시절에 학업성적이 뛰어났지만 가난 때문에 원하는 상급학교에 진학하지 못했고, 그것을 만회하려고 치열하게 노력한 덕분에 각각 장군-변호사-대기업 CEO가 되어 마침내 대통령이 되었다. 그들에게 학력 콤플렉스나 가난 콤플렉스가 없었다면 결코 대한민국의 최정상에 오르지 못했을 것이다. 우리 주변의 CEO 중에는 겉으로 내색은 않지만 학력 콤플렉스를 갖고 있는 사람들이 의외로 많다. 그러나 그들은 학구열을 불태우며 주경야독으로 콤플렉스를 극복하면서 사업을 성공적으로 운영해나간다.

'색깔론'으로 불리는 세 번째 '레드 콤플렉스'(red complex)도 평생 김대중의 발목을 옭아맸다. 역대 보수정권들은 진보적인 김대중을 향해 '빨갱이'로 몰아붙였고, 이는 국민들 사이에서 광범위하게 각인되었다. 그가 대선에서 번번이 떨어진 이유 중 하나도 레드 콤플렉스 때문이었다. 그가 역대 정권에게 당했던 사상공세를 보면 히틀러의 선전선동술을 떠오르게 한다. 히틀러는 선전선동술로 사람을 파멸시키는 전략에 대해 이렇게 말했다. "오로지 감정에 호소하라! 몇 마디 정해진 문구를 끊임없이 반복하라! 한 가지 측면만을 부각시켜 격렬히 비난하되, 특정한 적을 하나씩 골라 공격하라!" 김대중은 대통령이 된 후에도 햇볕정책 같은 진보적 대북정책 때문에 레드 콤플렉스의 공세에서 완전히 벗어나지 못했다. 요즘에도 가끔 여야 간에 색깔 공세가 있지만 별로 통하지도 않고 오히려 역효과가 나는 경우가 많다.

우리 마음속의 거대한 콘크리트 덩어리 같은 콤플렉스를 어떻게 극복할까? 김대중은 자신의 경험을 토대로 콤플렉스 극복 방법을 제시했다. "모든 콤플렉스는 그 사람 안에 원인이 있고, 따라서 그것을 해결할 수 있는 처방도 그 사람 안에 들어 있습니다. 문제는 그 콤플렉스에 져서 체념과 포기를 하느냐 아니면 열심히 노력해서 남 못지않은 실력을 쌓아 자기 발전의 방향으로 가느냐가 중요합니다. 역설 같지만 오늘의 내가 있게 된 것은 어쩌면 내가 대학을 가지 않았기 때문인지 모릅니다. 나는 대학을 다니지 못한 콤플렉스에 눌려 지낸 것이 아니라 그것을 자기계발 의지로 승화시킨 것입니다. 나는 계속 노력해서 내가 그토록 얻고자 했던 박사학위를 마침내 취득했습니다. 명예박사가 아니라 정식 박사학위를 논문과 구두시험을 통해 모스크바 국립외교 대학원에서 얻어냈습니다." 결국 자기와의 싸움에서 이겨 콤플렉스를 극복했다는 얘기다.

험난한 삶을 살아온 사람은 콤플렉스 못지않게 트라우마도 많을 수밖에 없다. 김대중이 살아오면서 겪었던 트라우마, 즉 정신적 상처와 충격 가운데 특별히 심했던 것을 다섯가지만 꼽아본다면, 첫 부인 차용애의 갑작스러운 죽음, 각별히 아꼈던 여동생의 병사(病死), 동경납치 살인미수 사건, 전두환 정권의 사형선고, 92년 대선 참패일 것이다. 그의 자서전과 자료들을 보면, 당시의 긴박했던 상황과 안타까웠던 심정이 잘 나타나 있다. 그는 자서전에서 밝혔듯이 그 트라우마를 회피하지 않고 정면으로 맞서서 스스로 치유하고 이겨내기 위해 혼신을 다 했다.

차기 대권주자들 중에서도 콤플렉스나 트라우마를 가진 사람들이 눈에 띈다. 특히 이재명은 어린 시절 워낙 가난하고 힘든 생활을 보냈기 때문에 콤플렉스와 트라우마가 많을 것이다. 홍준표도 가난한 어린 시절을 보냈다. 한동훈은 넉넉한 환경 속에서 자랐기 때문에 콤플렉스가 없는 것처럼 보이지만 자세히 들여다보면 우리가 미처 생각지 못한 콤플렉스가 있을 수 있다. 다른 대권주자들도 마찬가지다. 콤플렉스와 트라우마가 하나도 없는 사람은 없다고 보면 된다.

사실 콤플렉스나 트라우마가 나쁜 것만은 아니다. 프로이드는 콤플렉스가 자신의 욕구가 충족되지 않아 남보다 열등하다고 느끼는 심리상태인데, 이것을 극복해 나가는 과정에서 자아의식을 단단하게 만들어 강인한 정신력의 소유자가 된다고 했다. 아들러(Adler) 같은 심리학자는 "모든 인간에게 반드시 열등감이 있고, 그 열등감을 극복하려는 힘이 인간의 행동을 추동하는 원동력(原動力)이 된다"고 말했다. 트라우마도 마찬가지다. 이 모든 것을 온몸으로 입증한 사람이 김대중이었다. 그는 3개의 콤플렉스와 5개 이상의 트라우마에 시달리면서도 그것을 자기발전의 촉진제로 삼았다.

꼼꼼한 내향적 ISTJ형 성격

리더십을 파악할 때, 제일 중시해야 할 것은 '성격'이다. "세살 적 버릇 여든까지 간다"는 속담처럼 성격은 절대 쉽게 변하지 않고, 모든 분야에 영향을 주기 때문이다. 대통령이나 차기 대권주자들의 리더십을 알고 싶다면 그들의 성격을 제대로 분석해야 한다. 성격을 제대로 파악하지 못하고 리더십을 논(論)하는 것은 어불성설이다. 나는 김대중을 비롯해서 역대 대통령들의 리더십을 파악할 때도 '성격'을 가장 중요시한다. 성격을 알면, 그 사람의 화법, 품성, 정치스타일, 대인관계, 국정운영 방식 등을 두루 알 수 있다. 여러분도 마찬가지다. 성격, 진짜 중요하다.

세계적인 성격심리학자인 칼 융은 사람의 성격 유형을 크게 외향형과 내향형으로 구분했는데, 가장 심플하고 유용하다고 본다. 융에 의하면, 김대중은 전형적인 내향형(Introvert type)이다. 내향형은 차분하며 조용하고 꼼꼼한 성격이다. 김대중 본인 스스로도 대범해 보이지만 의외로 겁이 많고 소심한 성격이라고 밝혔다. 대중연설을 잘하기 때문에 '활발한 외향형'으로 보는 사람도 있겠지만, '차분한 내향형'이다. 내향형 인간은 치밀하고 현실적이며, 막연한 미래보다 분명한 현재를 중시하는 실용주의자다. 이런 사람은 정신적-육체적인 인내심과 끈기가 남다르다. 김대중은 목포상고 4, 5학년 무렵 군사교련시간에 완전무장으로 유달산까지 갔다오는 장거리 경주에서 우승했을 정도로 지구력

지혜의 지배자 김대중

이 남달랐고, 정치에 입문한 후에는 아무리 힘들고 고통스러워도 절대 굴복하거나 포기하지 않았다.

김대중처럼 내향적인 사람은 소극적이고 답답해 보이는 단점이 있다. 학창시절 생활기록부를 보면, 그는 작심하고 입을 열면 말을 잘 하지만, 전반적으로 과묵한 편(tacit)이었다. 친구들에게 아쉬운 부탁을 못했고, 수줍음(shy)도 많았다. 목포상고의 학적부에는 '독서를 좋아하나 사물을 비판적으로 보니 주의가 필요함'이라고 적혀 있었다. 실제로 일본인 상급생들에게 사상이 불순하다는 이유로 자주 불려가 얻어맞기도 했다. 김대중처럼 내향적인 사람은 자신의 단점을 보완하기 위해서 더욱 밝고 능동적으로 행동하도록 노력해야 한다. 한편, 프랭크 셀로웨이 같은 세계적인 진화심리학자는 형제관계도 성격형성에 많은 영향을 끼친다고 보았다. 김대중은 5남매 중 차남이다. 셀로웨이에 의하면, 차남은 장남과 동생들 사이에 끼여 불안정한 위치 속에서 형에게 열등감을 갖고, 자신의 미래를 찾아나서려는 기질이 강하다. 이 때문에 차남은 장남보다 진보적-혁명적-활동적인 기질이 강하고, 누구에게도 지기 싫어하는 특징이 있다.

혈액형이 A형이고 내향형인 김대중은 "큰 일을 하려면 작은 일 하나하나에 세심한 신경을 써야 한다"고 말했다. 그런 내향적 성격 덕분에 매사에 침착하고 주도면밀하게 행동하여 사람들에게 신뢰감을 주었다. 1997년 대선에서 슬로건으로 내세웠던 '준비된 대통령'은 그의 내향적 특징을 그대로 말해준다. 여기서 '준비성'(readiness)은 매사에 철두철미하게 준비하고 계획을 세운다는 뜻이다. 요즘 정치지도자들을 보면, 너무 즉흥적이고 준비성은 다소 부족해 보인다.

• MBTI는 정의로운 원칙주의자, ISTJ형

요즘 젊은층이 좋아하는 MBTI 분류법에 의하면, 김대중은 내향성(I)-감각(S)-사고(T)-판단력(J)이 발달한 ISTJ형이다. 이런 사람은 '원칙주의자 모범생', '모범적인 학생회장형' 또는 '세상에 꼭 필요한 소금형'이라고 하는데, '원칙', '도덕성', '정의'를 유난히 중시한다. 여기까지만 언급해도 김대중의 성격이 금방 떠오른다. 이런 성격은 융이 말한 '내향형'과 비슷하다. 일각에서는 다른 유형으로 보기도 하지만, 김대중은 분명히 ISTJ형이다. 그의 이러한 성격유형은 리더십과 국정운영 곳곳에 그대로 나타났다. 차기 대권주자들의 MBTI 유형도 그들의 '성격 파악' 차원에서 알아볼 필요가 있다.

김대중의 ISTJ형에서 I는 내향형(Introvert)을 의미한다. 신중하고 집중력이 있으며 깊은 대화를 나눌 수 있는 사람이다. 김대중은 누가 뭐래도 확실한 내향형이다. 그 반대인 외향형(Extrovert)은 사교성이 뛰어난 사람을 의미하는데 김대중과는 거리가 멀다. 다음 S는 감각형(Sensing)을 의미한다. 명확한 사실과 경험을 중시하는 현실주의자다. 실용주의를 유난히 강조하는 김대중은 두말할 것 없이 감각형 인간이다. 이와는 반대로 신속하고 비약적인 이상주의자를 의미하는 직관형과는 거리가 있다. 이어서 T는 사고형(Thinking)으로 매사에 객관적이고 논

지혜의 지배자 김대중

리적인 사람이다. 이는 전형적인 김대중 스타일이다. 이와는 달리 감성이 풍부하고 사람 만나기를 좋아하는 감정형은 김대중 스타일과 분명히 다르다. 마지막 J는 판단형(Judging)을 의미한다. 이런 유형의 지도자는 치밀하고 철저하며 도덕과 양심을 중시한다. 김대중은 평소 "세상이 아무리 도덕적으로 타락해도 나만은 끝까지 도덕을 지키겠다는 각오로 살겠다"면서 "양심에 충실하게 사는 것은 성공한 인생을 사는 유일한 길"이라고 말했다. 이와는 달리 즉흥적이고 무계획적으로 판단하는 '인식형'은 김대중의 성격과 한참 거리가 있다. 다시 정리하자면 김대중은 내향적이고(I), 감각적이며(S), 사고력이 발달했고(T), 판단력이 뛰어난(J) ISTJ형(정의로운 원칙주의자)이라고 할 수 있다.

당신은 학창시절 친구들과 잘 어울리는 개구쟁이에 가까웠는가? 조용히 혼자 사색에 잠기는 모범생에 가까웠는가? 김대중은 당연히 후자였다. 그의 사진을 보면, 교복을 단정하게 입고 앞을 똑바로 응시하고 있는 모습이 유난히 많다. 어린 시절의 친구들은 "김대중은 몸집이 왜소하고 안색이 창백했으며 침착한 성격으로 4년 동안 한번도 실언을 한 적이 없었다"고 기억했다. 훗날 대통령이 된 후에는 정부 부처의 난해한 정책들을 일목요연하게 챙기고, 공직사회의 분위기를 주도해 갔으며, 복잡한 남북문제를 인내심과 협상력으로 풀어갔다. 총리나 장·차관을 임명할 때는 즉흥적이고 전격적으로 발탁하기보다 사전에 언론에 띄워 여론을 살펴본 뒤에 신중하게 기용했다. 옷로비 사건, 장관 경질 등 위기상황에 대처하는 방식도 속전속결형이 아니라 '심사숙고형'이었다. 이런 성격은 전형적인 ISTJ형(용의주도한 원칙주의자)의 모습이다. 이는 국가지도자로서 진중하고 믿음직스러운 면모를 보여주지만, 때로는 더디고 우유부단한 측면이 있다. 당신은 단점을 보완하기 위해서 어떤 노력을 하고 있는가?

파란만장한 정치역정과 인동초 정신

당신의 인생역정은 '온실 속의 화초'였는가? '들판의 잡초'였는가? 김대중의 정치역정은 자갈밭의 잡초, 사막의 선인장과 담벼락의 칡덩굴을 다 합해도 부족할 것이다. 그는 1954년 30살 때 처음 선거에 출마해 떨어졌고 1963년 39살 때 제6대 총선에서 당선되어 1997년 73세에 대통령에 당선될 때까지 한 순간도 바람 잘 날이 없었다. 길게는 50여 년 짧게는 40여 년간 정치를 하면서 4선 국회의원, 당대표 5회, 대선출마 3전 4기의 기록을 남긴 과정에서 본인과 한국 현대정치사에 뚜렷하게 남겨놓은 5가지 장면을 골라보았다.

첫 장면은 국내 최초이자 최장시간 필리버스터이다. 1964년 당시 6대 국회에서 초선이었던 김대중은 국회 본회의장에서 동료 의원의 체포동의안 통과를 막기 위해 장장 5시간 19분동안 원고 한 장 없이 물 한 모금 마시지 않고 명연설을 했고, 결국 법안을 부결시켰다. 건국 이래 최초이자 최장시간이라는 신기록을 세우며 성공적으로 끝난 필리버스터였다. 미국의회에서 24시

지혜의 지배자 김대중

간 18분이라는 엄청난 필리버스터 기록이 있지만, 할머니 음식 솜씨 같은 신변잡기로 시간을 때워 별로 인정을 받지 못한다. 국내에서는 2020년 제21대 총선에서 국민의힘 윤진숙 의원이 국정원법 개정안 처리를 반대하기 위해서 장장 12시간 47분에 걸친 필리버스터를 했지만, 내용면에서 김대중과 비교가 되지 않아 지금도 필리버스터 하면 곧 김대중의 필리버스터를 꼽는다. 아무튼 김대중의 필리버스터는 그의 뛰어난 연설능력과 존재감을 대외적으로 널리 알린 계기였다. 두 번째 장면은 40대 기수론이다. 1971년 제7대 대선을 앞두고 김대중은 김영삼-이철승과 함께 40대 기수론을 내세워 전국적인 인물로 급부상했다. 당시 45세였던 김대중은 예상을 깨고 유력 후보였던 김영삼을 제치며 제1야당의 대선후보가 되어 파란을 일으켰다. 정치 신인이 순식간에 정치 지도자로 떠오른 계기였다.

세 번째로 장충단공원 유세와 총통 발언이다. 대선후보인 김대중은 1971년 서울 장충단공원에서 100만명의 청중들이 운집한 가운데 "만약 박정희가 이번에도 승리하면 영구집권하는 총통 시대가 올 것"이라고 주장했다. 그날 연설은 엄청난 인파와 뛰어난 대중연설 그리고 총통 예언발언으로 오늘날까지 유명하다. 제1야당의 대선주자가 유력한 미래 대통령으로 떠오른 사건이었다. 네 번째는 2.12 신민당 돌풍이다. 1985년 미국 망명길에서 돌아온 그는 김영삼과 손잡고 12대 총선에서 야당 돌풍을 일으켰다. 당시 전두환 정권하에서 거의 괴멸되다시피했던 대한민국의 민주화세력과 야당이 기사회생하는 계기였다. 다섯 번째로 1990년 지방자치제를 위한 단식이다. 그는 지방자치제 실현을 주장하며 13일간의 단식으로 관철시켰다. 이른바 풀뿌리 민주주의가 실현되면서 한국의 정치 지형 전체가 달라진 결정적인 사건이었다. 만약 지방자치제가 실시되지 않았더라면 그는 대통령이 될 수 없었을지 모른다. 이 외에도 수많은 정치적 사건-사고들이 있었지만, 위의 5가지 장면은 김대중 본인의 개인사와 함께 한국 현대사에 길이 남아있다. 그가 겪었던 감옥생활이나 고난, 고통은 바로 뒤쪽에서 별도로 다루고자 한다.

그렇다면 윤석열 대통령은 집권 3년차에 접어든 지금 그의 뇌리속에 가장 깊이 각인되어 있는 장면을 다섯 가지만 꼽는다면 무엇일까? 차기 대권주자들도 그동안의 정치역정에서 어떤 장면들이 떠오를까? 그것은 자신의 정체성이요, 리더십의 본모습일 가능성이 높다.

• 불굴의 인동초 정신

인동초 하면 곧 김대중이 떠오른다. 왜 하필 인동초일까? 알고보니 인동초의 속성과 김대중의 삶은 여러 가지로 닮은 꼴이다. 식물과 인간 사이에 이렇게 닮은 점이 많다니 새삼 놀라웠다. 그래서 인동초 정신은 곧 김대중 정신이라고 하는 것인가?

인간 김대중은 식물 인동초와 다섯 가지 측면에서 닮았다. 첫번째로 인동초(忍冬草)에 담긴 '겨울을 참고 견뎌내는 풀'이라는 뜻 자체가 김대중의 삶을 의미한다. 김대중의 인생을 봄여름가을겨울 사계절에 비유한다면, 겨울이 70% 정도는 되지 않을까? 그것도 보통 겨울이 아니라 엄동설한이다. 둘째, 인동초는 겨울을 날 때 아무리 눈보라가 몰아쳐도 메마른 줄기에 잎을 떨어뜨리지 않고 꽁꽁 얼어붙은 땅속에 깊이 뿌리를 내리고 견뎌낸다. 김대중 역시 아무리 시련이 불어닥쳐도 희망을 잃지 않고 대중의 마음속에 뿌리를 내리고 견뎌냈다. 셋째, 인동초는 겨울이 지나 5~6월에 꽃을 피우는데, 처음에는 하얀꽃을 피우다가 점차 노란 금색꽃으로 변한다. 그래서 인동초를 '금은화'(金銀花)라고도 한다. 김대중의 정치도 처음에는 하얀꽃처럼 소박하게 출발했지만 결국에는 금색꽃처럼 화사한 결말을 맞았다.

넷째, 인동초는 한약재로 널리 쓰인다. 해독, 해열, 향균, 항염, 진통과 같은 독성(毒性)을 제거하는 데 효과가 높고 특히 각종 부인병과 젊은이들의 여드름 치료에 좋다. 그러고 보니 김대중이 부정부패 척결에 앞장서고, 여성 권익향상에 앞장섰으며, IT-벤처기업 육성에 크게 기여한 점이 인동초의 '독성 제거와 부인병과 여드름 치료'를 연상시킨다. 묘한 우연의 일치다. 다섯 번째로 인동초는 땅에서 자라는 풀이 아니라 담장을 타고 올라가는 덩굴나무과(科)에 속한다. 김대중도 덩굴나무처럼 시대와 역사의 담장을 타고 끝없이 올라가지 않는가? 인동초의 꽃 향기가 은은하게 널리 퍼져나가는 특징도 김대중 정신을 닮았다. 인동초 정치인 김대중은 "정치는 진흙탕 속에 피는 연꽃과 같다"고 말했다. 정치는 진흙탕처럼 복잡하고 지저분해 보이지만 결국에는 아름다운 결실을 맺는다는 뜻이다. 그러고 보면, 인동초나 연꽃이나 비슷한 속성을 가졌다.

세상이 변해서 요즘 우리 국민들은 인동초 같은 정치지도자보다는 사과나 배, 감처럼 풍성한 열매를 맺는 과실수 같은 정치지도자를 더 좋아하지 않을까? 김대중도 야당시절에는 '인동초'였지만, 대통령이 된 후에는 '과실수'였지 않은가? 원래 인동초의 꽃말은 '사랑의 연인'이다. 김대중은 '국민의 연인'이 되고 싶었던 것일까? 우리 정치지도자들도 국민의 연인이 되기를 바란다.

5번의 죽을 고비와 6년여간의 감옥생활

• 고난과 고통의 세월

"하필 목 잘려 죽은 사람의 이름을 지어주시나?" 천주교 세례명으로 목 잘려 순교한 '토마스 모어'라는 이름을 주자 김대중이 혼잣말처럼 중얼거렸다고 한다. 1950년대 서울교구 신부는 "순교하는 마음으로 정치를 하라"는 의미에서 이 세례명을 지어주었지만 이후 김대중은 목이 잘려 죽을 뻔한 고비를 숱하게 겪었다. 보통 사람은 죽을 고비를 한 번만 겪어도 멘탈이 흔들리고, 세상이 달리 보인다고 한다. 내 주변에도 암이나 교통사고로 죽음의 그림자를 본 후부터 확 달라진 사람들이 있다. 그런데 김대중은 한두번도 아니고 다섯 번이나 삶과 죽음의 경계선을 오갔으니 그의 멘탈과 세상 보는 눈은 어떨까? 그가 절대 평범한 사람이 될 수 없었던 이유다. 차기 주자들 가운데 이런 육체적-정신적 고통을 겪은 사람이 누가 있는가? 이재명이나 조국과는 차원이 다르다. CEO는 그런 정도는 아니지만 회사를 위해서 매일매일 크고 작은 고난을 겪고 있다. 김대중의 수난사를 통해서 당신 삶의 팁을 얻기 바란다.

영화의 한 장면 같은 죽을 고비 하나를 보자.[3] 김대중은 1973년 8월 8일 일본의 한 호텔에서 괴한(중앙정보부 요원) 5~6명에게 납치당했다. 승용차로 한참을 달린 후에 보트로 옮겨져 바다 한가운데로 이동했다. 납치범들은 팬티와 런닝셔츠만 남기고 옷을 다 벗긴 채 보자기로 얼굴을 씌우고 양손과 양발을 꽁꽁 묶었으며 입에는 나뭇조각을 물린 채 붕대를 감았다. 두 팔목에는 30~40킬로의 추를 달았다. 그 상태에서 납치범들이 사정없이 두들겨 패자 김대중은 외쳤다. "때릴 필요 없어요. 나는 이미 죽을 각오를 하고 있는데 더 이상 때릴 필요가 있습니까?" 말은 그렇게 했지만 속마음은 아니었다. "바다에 던져진다면 물속에서 추를 벗길 수 있을까?...상어에게 하반신을 먹혀도 상반신만으로도 살고 싶다!" 칠흑같은 밤, 마침내 괴한들이 그를 바다에 내던지려고 하자 김대중은 "하느님, 살려주세요!"라고 울부짖었다. 바로 그 순간 일본 해양경찰청 헬기가 나타나 극적으로 구출되었다. 말 그대로 천우신조였다.

무려 40여 년에 걸친 한 인간의 잔혹사는 처절하기만 하다. 1950년 6.25 전쟁 때 인민군의 총살 직전 탈출, 1971년 선거유세 도중 교통사고 위장 테러, 1973년 일본 동경 납치, 1973년 현해탄 수장 미수, 1980년 5공 신군부의 사형선고까지 모두 5번의 죽을 고비.. 어디 그뿐인가? 6년여간의 감옥생활, 10여 년

---

3) 김용운, <역사와 함께 시대와 함께>(1999, 김용운 편역, 인동) 참조

간 55회의 가택연금, 3년 동안 두 차례의 해외 망명, 고문과 협박, 회유, 감시와 미행, 도청, 그리고 4번의 국회의원 선거 실패와 3번의 대통령 선거 패배... 이런 기구한 인생은 두 번 다시 볼 수 없다.

　기나긴 세월 동안 모진 고통을 참고 견뎌낼 수 있었던 김대중의 힘은 '신앙심'과 '긍정적 사고'와 '국가적 소명의식' 때문이었다. 독실한 가톨릭 신자인 그는 고비마다 엎드려 간절히 기도했다. 그는 "악마가 지배하는 지옥에 떨어져도 신이 있다는 사실을 믿는다"면서 "우리가 예수님의 옷소매를 붙잡고 매달리는 한 어떤 실수나 죄나 유혹에도 불구하고 구원받을 수 있다"고 말했다. 김대중이 항상 가슴에 새기고 있는 성경말씀은 예수가 십자가에 못박혀 죽을 때 원수를 위해 기도하며 "아버지, 저들을 용서해 주십시오. 저들은 자기가 한 일을 모르고 있습니다"라고 외쳤던 대목이다. 그의 저서나 어록에는 하나님, 예수, 기도와 관련된 내용들이 많다. 또 하나는 어차피 힘들다면 차라리 즐기자는 긍정적 마인드였다. 김대중은 "고난이 영영 끝나지 않을 수도 있었기 때문에 차라리 고난 자체를 즐기며 행복한 나날로 만들려고 노력했다"면서 "기회는 천사의 얼굴로만 오지 않는다"고 말했다. 현재의 힘든 시기가 자신을 단련시키는 기간이고, 미래의 기회일 수도 있다고 자기암시를 한 것이다. 세 번째 힘은 조국의 민주주의와 정치발전을 반드시 이루고야 말겠다는 소명의식이었다. 그런 소명의식이 강했기에 아무리 힘들어도 참고 정치적 유혹에 넘어가지 않았다는 것이다. 그가 옥중에서 초연하게 독서에 탐닉할 수 있었던 것도 그런 신앙심과 긍정적 사고, 그리고 소명의식이 있었기에 가능했다. 결과론적인 얘기지만, 김대중의 감옥생활은 자신을 인간적-정신적-정치적으로 성숙하게 만든 모멘텀이 되었다. 우리 역대 대통령 중에는 이승만과 박정희 대통령도 젊은 시절 각각 독립협회 사건과 남로당 사건으로 감옥에서 심한 고초를 당하며 인생의 새로운 전환점을 맞이했다. 전화위복이요 인생역전이었다. CEO들이여! 여러분도 힘들고 고통스러울 때마다 신앙심과 긍정적 사고, 그리고 사업적 소명의식을 굳게 다지기 바란다.

김대중의 감옥 예찬론을 들어보자. "일생을 통해 수없이 많은 역경과 싸워왔지만, 그중 하나가 감옥생활입니다. 원치 않는 생활이었지만 6년 정도 감옥에 갇혀있는 동안 참으로 많은 지식을 습득하고 진리를 깨달을 수 있는 기회를 가졌습니다. 저는 감옥에서 플라톤, 칸트, 니체, 사르트르, 러셀과 같은 철학자들의 저서를 탐독했고, 성경과 신학 책을 읽었으며, 공자와 맹자, 노자와 같은 동양고전과 푸시킨, 헤밍웨이와 같은 서양 명작들을 두루 섭렵했습니다. 사실 오늘의 김대중의 지적, 인격적 성숙은 상당부분 감옥생활에서 만들어진 것입니다. 그곳이야말로 나의 대학이었습니다. 출옥 후에도 일이 바빠서 책을 볼 시간이 없을 때는 정말이지 다시 감옥에 들어가고 싶다는 충동이 일기도 했습니다. 감옥에 다시 가고 싶다고 하니, 누구도 잘 믿기지 않겠지만 그곳에서 체험한 보석 같이 찬란한 인생의 진리를 생각하면 감옥 가는 것 정도의 역경은 얼마든지 감당할 수 있다고 느끼게 된 것입니다." 지옥 같이 암울했던 감옥생활을 보석같이 찬란한 인생으로 묘사한 그의 말이 우리를 숙연하게 만든다. 그

럼에도 불구하고 한 가지 분명한 사실은 '어떤 이유로든 감옥에 가면 안 된다'는 진리 아닌 진리다.

당신이 갑자기 어려운 처지에 처했을 때 도와줄 사람이 얼마나 되는가? 김대중이 사형선고를 받자 미국을 비롯한 세계 각국으로부터 일제히 구명운동이 펼쳐졌다. 1981년 신군부로터 사형선고를 받고 언제 사형이 집행될지 모르는 상황에서 해외 정상들의 도움이 쏟아졌다. 당시 미국의 레이건 대통령은 와인버거 국방부장관과 그레그 전 주한 미대사를 급파했고, 에드워드 케네디 상원의원은 미국 의회 라인을 총동원했다. 독일의 빌리 브란트와 폰 아이츠체커 전 대통령 같은 유럽 지도자들은 '김대중 구명 결의안'을 채택하는 데 앞장섰다. 교황 요한 바오로 2세는 서울주재 로마교황청 대사관을 통해 전두환 대통령에게 편지를 보내 선처를 부탁했다. 변방 국가의 한 민주투사를 위해 세계 각국에서 이토록 강력한 목소리를 낸 것은 극히 드문 일이었다. 김대중의 높은 국제적 위상을 보여주는 부분이다.

요즘 우리 지도자들의 고통 지수는 얼마나 될까? 윤석열 대통령은 의료분쟁과 낮은 지지율, 영부인 문제 등 여러 가지 난제 때문에 정신적 고통이 만만찮을 것이다. 한동훈은 여권 내부 갈등 때문에, 이재명과 조국은 사법리스크 때문에, 오세훈, 홍준표, 안철수 등은 낮은 지지율 때문에 스트레스가 적지 않을 것이다. CEO들의 사업 스트레스도 두말할 필요가 없다. 사실 어느 누구도 마음 편한 사람은 없겠지만, 그래도 김대중보다 더 고통스러웠겠는가? 김대중은 말했다. "고통과 슬픔과 고독과 절

지혜의 지배자 김대중

망 속에서도 나를 끝까지 지탱해주고 힘을 준 것은 오직 주님이 주신 위로와 빛이었고, 가족과 벗들의 애정어린 기도였습니다"
고통의 달인인 김대중에게서 답을 찾기 바란다.

상상을 초월하는 독서력(力)

• 최대 무기는 독서력

누구든지 자기만의 필살기가 있어야 한다. 차기 대권주자나 CEO도 마찬가지다. 김대중의 필살기는 단연 '독서력'이다. 흔히 그를 '독서왕'이라고 하지만 그 정도를 한참 뛰어넘어 무시무시한 '독서황제'였다. 평생 2만 권의 책을 읽었다고 하는 그는 초등학교 때부터 책읽기를 유난히 좋아했고, 6년 동안 감옥에 있으면서 엄청난 양의 책을 섭렵했으며, 대통령이 된 후에도 멈추지 않았다. 그의 지식과 논리, 리더십, 국정운영전략은 다 책에서 나왔다고 보면 된다. 차기 대권주자들 가운데 누가 가장 독서력이 뛰어날까? 당신은 어떠한가?

당신이 새 집으로 이사를 간다면 가장 먼저 하고 싶은 일은 무엇인가? 김대중은 1998년 2월 취임식을 마치고 청와대에 들어가자마자 관저의 서재를 확장했다. 원래 서재는 관저 1층 10여 평이었는데, 2층에 있는 2개의 침실 가운데 하나를 서재로 개조해서 여러 명의 직원들이 동원되어 2개의 서재에 총 2만권의 장서를 가져왔다. 이런 대통령이 또 있을까? 그는 임기 5년 동안 서재에서 하루를 시작했고 집무를 마치고 돌아와 다시 서재에서 하루를 마무리했다. 청와대 관저의 서재는 독서공간인 동시에 사색의 공간이었고 정국구상의 산실이기도 했다. 그는 여름 휴가로 청남대에 갈 때도 책을 몽땅 가져가서 며칠 밤을 새워 읽었다. 대부분의 대통령들은 휴가 중에 가져가는 책을 국민들에게 공개하지만 실제로 다 읽는 경우는 드물다. 그러나 김대중은 샅샅이 다 읽었다. 오죽하면 청남대에 김대중 대통령이 휴가 중에 책을 읽는 모습을 동상으로 만들어 재현해 놓았을까?

김대중이 젊은 정치인 시절, 한 비서가 골프를 권했다. 골프 한 번 치는데 얼마나 걸리냐고 묻자 비서는 3~4시간이라고 답했다. 대답이 끝나기도 전에 김대중은 목소리를 높였다. "서너 시간이면 책이 한 권이야, 책이 한 권!"

• 도대체 어떤 책을 얼마나 많이 읽었을까?[4]

대한민국의 독서인구와 책 판매량은 갈수록 급감하고 있다. 작가 한강이 2024년 10월 노벨문학상을 받은 이후 책 판매량이 전체적으로 약간 늘기는 했지만 여전히 침체상태다. 만약 김대중이 현재 대통령이라면 출판시장 회복을 위해 적극적인 방법을 모색했을 것이다. 과거 김대중의 독서력이 얼마나 대단했는지를 보자. 그의 자신의 지적 능력을 가장 크게 발전시킨 때는 그의 인생에 가장 힘들었던 6년여간의 투옥기간이었다. 그는 이 기간 동안에 자신이 부족했던 학문 분야에 대한 실력을 보완했고, 자

---

4) 최진, <대통령의 독서법>(2010, 지식의숲) 김대중편 참조

　　　　　　　　　　　　　　　　지혜의 지배자 김대중

신만의 메모법을 개발했으며, 자신만의 독특한 관찰독서법도 창안했다. 이제 그가 감옥에서 어떤 종류의 책들을 얼마나 많이 읽었는지 살펴보자. 김대중은 옥중에서 가족들과 주고받은 편지를 모아 〈김대중의 옥중서신〉이라는 책을 펴냈는데, 대부분 책 이야기다. 감옥에서 지금 어떤 책을 읽고 있고, 어떤 책을 읽었는데 소감이 이렇더라, 다음에는 이런 책들을 꼭 반입해달라는 식의 내용이 대부분이었다. 예를 들어, 1981년 10월28일자 아내에게 보낸 엽서 내용을 보자. "오늘도 날씨가 쌀쌀합니다. 여기 (감옥) 생활에 있어서 거의 대부분을 독서로 보냅니다. 요즘은 〈국부론〉, 〈눌린자의 하나님〉, 〈서양철학사〉, 〈전쟁과 평화〉의 영문판 등을 읽고 있습니다" 이어서 어느 역사학자의 주장을 소개했다. "인류가 문명시대로 접어들면서 범한 큰 죄악 4가지가 있습니다. 그것은 첫째 인간이 인간을 죽이는 전쟁, 둘째 인간이 인간을 노예로 만드는 것, 셋째 인간이 인간을 착취하는 것, 넷째 인간이 인간에 대해 인종차별하는 것이라고 합니다. 이 가운데 전쟁을 제외하고 노예화, 착취, 인종차별은 거의 사라지고 있습니다. 교회의 역할과 기독교 정신이 어느 때보다 중요합니다" 이 내용을 보면 감옥에서 보낸 엽서내용이 아니라 무슨 학술세미나 발표문 같은 느낌마저 든다.

이게 다가 아니다. 김대중은 엽서 말미에 책 제목과 저자 이름, 심지어 출판사까지 적고 반입해달라고 아내에게 요청했다. 앙드레 모로아의 〈프랑스사〉, 레이몽 아롱의 〈사회사상의 흐름〉, 칼 야스퍼스의 〈철학적 사상〉, 소홍렬의 〈논리와 사고〉, L. 로웬탈의 〈문학과 인간상〉... 엽서 끝에 추신도 책 이야기이다. "지난번 백과사전은 세계 각주 등의 지도가 없고 내용도 불비하니 다른 것을 넣어주시오" "이번에 넣어준 '세계문학작품과 그 주인공의 총해설' 같은 식으로 된 철학, 경제학, 사회학의 것을 구할 수 있으면 구해주시오(일어판으로)" 김대중은 국내외 서적은 물론 영어-일본어 원문으로 된 책도 읽었다. 책 제목만 봐도 현기증이 날 정도로 그의 독서력이 놀랍다.

이번에는 1981년 11월 27일자로 아내에게 보낸 옥중 엽서를 보자. 김대중은 "당신이 알다시피 나는 여러 가지 학문적 독서를 하면서도 좋은 문학작품을 계속 읽었습니다"고 말한 뒤, 최근에 읽은 50여 권의 책 제목을 일일이 열거했다. 〈노인과 바다〉, 〈누구를 위하여 종은 울리나〉, 〈무기여 잘 있거라〉, 〈욕망이라는 이름의 전차〉, 〈어느 세일즈맨의 죽음〉, 〈바람과 함께 사라지다〉, 〈뿌리〉, 〈소공자〉, 〈좁은 문〉, 〈레미제라블〉, 〈여자의 일생〉, 〈목로주점〉, 〈파우스트〉, 〈전쟁과 평화〉, 〈안나 카레리나〉, 〈대위의 딸〉, 〈죄와 벌〉, 〈대장 부리바〉, 〈닥터 지바고〉 등 외국서적에서 〈토지〉, 〈장길산〉, 〈난장이가 쏘아올린 작은 공〉, 〈어둠의 자식들〉, 〈낮은데로 임하소서〉, 〈사반의 십자가〉 등 국내 작품에 이르기까지 방대했다. 김대중은 나름대로 문학작품론을 개진하기도 했다. "좋은 문학작품은 메말라가는 정서를 새롭게 하고 우리의 정신에 활기와 탄력을 주는 윤활유 역할을 합니다. 특히 당신이나 나 같이 나이를 먹어가는 세대가 이 격변하는 시대에 적응시키고 젊은 세대들과 국민들의 생각을 이해하는 탄력성을 계속 유지하기 위해서는 좋은 문학작품을 통한 영혼의 활성화가 매우 필요합니다. 당신께 권하고자 작품의 이

지혜의 지배자 김대중

름을 열거하면서 적어보았습니다." 그러면서 김대중은 다시 엽서 끝부분에 12권을 책을 새로 반입해달라고 아내에게 부탁했다. 톨스토이의 〈부활〉, 존 듀이의 〈논리학〉, 구티에리즈의 〈해방신학〉... 참으로 엄청난 독서력이 아닐 수 없다. 과연 어느 대통령, 어느 대권주자, 어느 CEO가 그의 독서력과 독서열을 능가할 수 있겠는가?

당신은 자녀에게 책을 권해본 적이 있는가? 김대중은 1981년 1월 29일자 엽서에서 세 아들이 꼭 읽어보아야 할 책이라며 〈미국의 새로운 선택〉, 〈성서의 가난한 사람들〉, 〈제로섬 사회〉, 〈교회란 무엇인가〉, 〈한국사회〉 등 5권을 추천했다. 그리고는 아내 이희호에게 앙드레 모로아의 〈미국사〉, 니체의 〈안티 그리스트〉, 갈브레이드의 〈대중은 왜 빈곤한가〉 등 16권의 교양서적과 사회철학 서적을 보내달라고 요청했다. 끝없는 독서 행진이었다. 1982년 9월 23일자 옥중 엽서를 보면, 그의 외국어 실력이 새삼 놀랍다. 김대중은 아내에게 메이아르 신부가 쓴 책 10권을 영어본이나 일어 번역본 중에서 어느 것이나 있는대로 구해달라면서 책 제목을 모두 영어로 적고 출판연도까지 덧붙였다. 예컨대, 'THE DIVINE MILIEU(1960)'라는 식으로 10권의 책 제목을 일일이 적어보냈다. 도대체 김대중은 감옥에서 어떻게 그런 영어판-일어판 책과 저자를 알 수 있었을까? 아마 김대중이 감옥에서 책을 읽는 것보다 아내가 감옥 밖에서 책을 구하는 것이 더 어려웠을 것 같다. 훗날 정치인 김대중은 "출옥 후에 일이 바빠 책을 볼 시간이 없을 때는 정말이지 다시 감옥에 들어가고 싶다는 충동이 일기도 했다"고 말했다. 이러한 모습은 보수와 진보를 떠나서 높이 평가할만하지 않는가?

김대중 본인이 저술한 책은 1967년 출간한 〈분노의 메아리〉에서 2024년 사후 출간된 〈김대중 육성회고록〉까지 총 26권에 달한다. 이 가운데 대표저서로는 〈김대중의 옥중서신〉(1984)과 〈대중경제론〉(1986), 〈새로운 시작을 위하여〉(1993)가 꼽힌다. 그가 만약 지금 책을 쓴다면 〈AI시대의 대중경제론〉이 아닐까 한다.

역사 속의 인물 가운데 생각나는 독서광은 노벨평화상이 아니라 노벨문학상을 받은 영국의 처칠 수상이다. 처칠은 하루 5시간 독서하고 2시간 운동하는 '5-2 원칙'을 정해놓고 악착같이 지켰다. 아무리 바쁘고 피곤해도 이 원칙을 지키지 않으면 잠자리에 들지 않았다. 심지어 장교 시절 전쟁터에서 어깨뼈에 부상을 당한 와중에도 5시간씩 책을 읽었고 2시간씩 운동을 했다고 한다. 당신은 매일 하루도 빠짐없이 그렇게 할 수 있겠는가? 처칠은 말했다. "쓸데없는 생각이 자꾸 떠오를 때는 책을 읽어라. 쓸데 없는 생각은 비교적 한가한 사람들이 느끼는 것이지 분주한 사람들은 느끼지 않는다!" 요즘 책 읽는 사람들이 갈수록 줄어드는 시대에 처칠-김대중 두 사람의 책 사랑이 한없이 부럽다.

지금 우리 대통령은 무슨 책을 읽고 있을까? 윤석열의 책 하면 떠오르는 것은 미국의 신자유주의 경제학자인 밀턴 프리드먼의 저서 〈선택할 자유〉다. 서울대 법대 입학기념으로 아버지에

지혜의 지배자 김대중

게 선물로 받은 이 책은 자유주의적 시장경제를 적극 옹호하는 내용이다. 그래서인지 윤대통령은 '자유'라는 개념을 유난히 강조하고 있다. 요즘에는 어떤 책을 읽고 있는지 궁금하다. 차기 대권주자들은 어떤 책을 읽고 있을까? 여야를 넘나드는 정치멘토인 김종인 전 비대위원장이 80대의 나이에도 방송 등 다방면에서 활발하게 활동하고 있는 것은 그의 독서력 때문이다. 독일 박사인 그는 지금도 국내 신간서적과 영어와 독일어 원전을 읽으며 세상 돌아가는 흐름을 읽는다. 할 수만 있다면 다음 대선에서는 차기 대권주자들의 독서력을 테스트해보고 싶다. 우리 CEO들도 어려운 때일수록 책에서 지혜와 노하우를 찾기를 바란다.

도대체 김대중의 직업은 몇 개인가?

혹시 김대중의 직업이 몇 개나 되는지 아는가? 좀 엉뚱한 질문같지만 그는 평생 각양각색의 직업을 가졌다. 독일의 사회학자 막스 베버는 그 유명한 〈직업으로서의 정치〉에서 정치인에게 직업이란 단순히 생계수단이 아니라 '국민을 위한 사명감'이라고 규정했다. 그런 맥락에서 김대중은 확고한 사명감을 갖고 다방면에서 최소 10년 이상 몰두하여 전문가 수준의 실력을 쌓았고 또 활용했다. 그걸 '직업'이라고 한다면, 김대중의 직업은 무려 20가지에 달한다.

아마 인류 역사상 가장 많은 직업을 가졌던 사람은 15세기 르네상스시대의 천재였던 레오나르도 다빈치일 것이다. 그는 화가, 조각가, 발명가, 건축가, 과학자, 음악가, 식물학자, 작가, 의사, 요리사, 집필가 등 모두 23개의 직업을 가졌다. 김대중도 만만치 않다. 그는 19살 때 취직해서 85세에 세상을 떠날 때까지 66년 동안 가졌던 '직업들'을 보면 각양각색이다. 최초의 직업은 선박회사 직원이었다. 곧이어 큰 배를 운영하는 선박회사 사장, 목포에서 제일 잘 나가는 청년 사업가, 지역신문을 인수한 언론사 사주, 언론에 글을 계속 게재해온 칼럼니스트, 엄청난 양의 책을 읽었던 독서가, 통일문제를 수십년 연구하고 관련 저서들을 여러 권 펴낸 통일 전문가, 역시 수십 년 동안 역사책들을 읽고 탐구한 역사전문가, 수십 권의 저서를 저술한 집필가, 시인 못지않게 감동적인 시와 에세이를 많이 남긴 문필가, 학창시절부터 연설능력이 뛰어났고 전국웅변협회 부회장까지 맡았던 웅변가, 〈대중경제론〉 같은 책을 펴낼 정도로 경제지식이 해박한 경제전문가, 반독재 투쟁에 앞장섰던 재야 민주투사 겸 시민운동가, 꽃과 나무에 대한 지식이 풍부한 화초전문가, 붓글씨를 수십 년간 써온 서예가, 아태평화재단을 만들어 동아시아 문제의 연구와 대안제시를 했던 재단 설립자 겸 외교안보 전문가, 미국 하버드대와 영국 캠브리지대에서 정식으로 사무실을 제공받고 연구했던 글로벌 연구원 겸 명예교수, 6선 국회의원 그리고 15대 대통령이 될 때까지 실로 다양하고 광범위했다. 그런 점 때문에 그는 국정을 통합적-화합적으로 이끌어갈 수 있었다고 본다. 앞으로 이런 지도자는 보기 힘들 것이다.

사람이나 선거나 '10년 주기론'이라는 게 있다. 흥미롭게도 김대중의 전문성도 크게 10년 주기로 발전해나갔다. 그는 평소 "일단 목표가 정해지면 한눈팔지 말고 10년만 한 우물을 파면 반드시 성공의 길이 열린다"고 강조해왔다. 실제로 그는 9살쯤에 초등학교에 입학하여 19살에 취직할 때까지 10년간 공부에 몰두하여 전교 1~2등을 차지했고, 19살 때 취직하여 29살 때 정치에 입문할 때까지 10여 년동안 사업에 몰두해 성공했다. 이어 29살에 선거에 처음 출마하여 우여곡절 끝에 39살에 제6대 국회의원선거에서 당선될 때까지 10여 년간 정치에 전념하여 성공했다. 39살에 국회의원이 되어 46세에 제1야당의 대통령 후보가 될 때까지 8년가량 정치에 혼신을 쏟아부었다. 잘만 됐으면 정계 입문 10여 년 만에 대통령이 될 뻔했다. 이후에도 민주화운동에 매진하거나 통일문제를 연구하는 등 무언가를 할 때는 한 분야에 적어도 10여 년간 전념하는 습관이 계속되었다.

　요즘은 융합시대라고 한다. 서로 이질적인 일을 연결시켜서 시너지 효과를 내는 시대라는 뜻이다. 대통령이나 차기 대권주자들이 정치에만 몰입하거나 보수와 진보 가운데 어느 한쪽에만 몰입할 경우, 나라는 한쪽으로 기울 수밖에 없다. 예컨대, 법조인 출신 정치지도자가 법률가적 사고에 매몰된다면 편파성을 갖기 쉽다. 반대로 법조인 출신 정치인이 정치적 마인드와 경영 마인드를 겸비한다면 확장성을 가질 수 있다. 즉, 김대중처럼 다양한 전문영역을 갖고 있다면, 폭넓고 관대한 융합적 사고를 할 가능성이 높아진다. 요즘처럼 모든 것이 양쪽으로 갈라진 양극단 시대에는 융합적-복합적-통합적 사고를 가진 사람이 승리할 것이다. CEO는 더더욱 그렇다.

영욕을 함께 해온 역전의 용사들, 동교동계[5]

당신은 누군가를 위해서 수십년간 목숨 걸고 싸워본 적이 있는가? 결코 쉬운 일이 아니지만 그런 '특별한 사람들'이 있다. 바로 '동교동 사람들'이다. 그들은 기나긴 세월 동안 김대중 한 사람을 위해 가정도, 편안한 삶도 마다하고 고생길을 자처했다. 이 한 가지만으로도 그들은 역사적 평가와 박수를 받기에 충분하다. 만약 동교동계가 없었다면 김대중은 대통령이 될 수 있었을까? 김대중과 동교동계는 일심동체였다. 이는 김영삼과 상도동계도 마찬가지다. 동교동계와 상도동계가 없었다면 양 김씨도 없었을 것이다.

여러분은 〈삼국지〉를 읽어보았을 것이다. 동교동계 하면 서당 훈장 출신으로 문무를 겸비한 유비 군대의 좌장 관우, 다혈질의 맹장 장비, 상대를 꿰뚫는 당대의 책사 제갈공명, 조용하고 믿음직한 조자룡, 활을 잘 쏘는 노장 황충, 혈기가 넘쳐 과오를 저지른 마속, 독특한 외모의 지략가 방통, 그리고 유비의 어리석은 아들 유선에 이르기까지 삼국지의 인물들이 주마등처럼 스쳐지나간다. 그들은 주군을 중심으로 똘똘 뭉쳤지만 미묘한 갈등도 있었다. 이 모든 것은 김영삼과 상도동계도 마찬가지

---

5) 최진, <참모론>(2009, 법문사) 참조

지혜의 지배자 김대중

였다. 상도동계의 면면을 생각해도 〈삼국지〉의 숱한 장수들이 떠오른다.

우리 정치에는 친노계, 친이계, 친박계, 친문계, 친명계, 친윤계, 친한계를 비롯해서 개딸로 불리우는 극성 팬덤까지 많은 지지모임들이 있다. 그러나 동교동계는 기존의 계파들과 다른 세 가지 차별성이 있다. 우선 동교동계는 '이성적 집단'이었다. 그들은 냉철한 이성적 판단과 소신을 토대로 반독재 민주화라는 시대적 대의명분을 위해 똘똘 뭉친 사람들이다. 그들은 끊임없이 성찰하고 토론하며 전진했다. 그들은 독재권력과 경쟁상대를 강하게 비판했지만 조롱하고 비아냥대지는 않았다. 상도동계도 마찬가지다. 그러나 작금의 팬덤집단은 분노와 증오가 활활 타올라 상대를 무너뜨리려는 '감정적인 집단'이다. 이들에게 성찰이나 토론과 전진은 필요 없고 오직 '돌격 앞으로'만 필요할 뿐이다. 둘째, 동교동계는 '리더에 대한 존경심'이 강했다. 그들은 김대중의 능력, 도덕성과 리더십을 포함하여 모든 것을 믿고 따랐다. 상도동계도 똑같았다. 그러나 작금의 팬덤집단은 리더에 대한 존경심은 별로 개의치 않고 오직 정치적－이념적－정파적 목표만이 중요할 뿐이다. 요즘처럼 정치지도자의 도덕성을 개의치 않았던 시대가 있었던가? 세 번째로 동교동계는 '역사적 사명감'이 투철했다. 그들은 나름대로 역사적 사명감을 갖고 자신들이 가는 길이 곧 민주화의 길이요 정의의 길이라고 굳게 믿었다. 상도동계도 마찬가지였다. 그러나 작금의 열성 팬덤집단을 보면, 오로지 상대방 타도와 권력쟁취 같은 '분노의 투지'만 불타오르고 있다. 다시 정리하면, 동교동계는 이성적 집단－리더에 대한 존경심—역사적 사명감이 강했기 때문에 오늘날까지 국민들로부터 박수를 받고 있지만, 작금의 열정 팬덤집단은 따가운 눈총을 받고 있다.

극성 팬덤 지지자들이 많으면 대권가도에 유리할까? 다음 대선 때부터는 오히려 불리하리라고 본다. 왜냐하면 요란하고 공격적인 방식으로 중도층을 몰아낼 것이기 때문이다. 최근 전 세계적으로 양극단 세력이 팽팽하게 접전을 벌일수록 막판에 중도층이 캐스팅보트 역할로 승부를 판가름하고 있다. 동교동계도 중도성향이 강했기 때문에 중도층을 흡수하여 정권을 바꾸었고 역사를 바꾸었다. 마침내 김대중 정부가 출범함으로써 영광을 누린 동교동 사람들도 많지만, 그렇지 못한 사람들도 많다. 그러나 그들은 대한민국의 역사를 새롭게 창출했고, 성공적인 정부를 뒷받침했다는 자긍심을 갖기에 충분하다. 이제 동교동 사람들은 김대중 정신과 리더십을 전파하기 위해 다양한 활동을 하고 있다. 예비 정치인을 대상으로 '김대중 리더십 아카데미'를 운영하고, 노벨평화상 수상, 6.15 남북정상회담 등과 관련하여 크고 작은 행사를 해오고 있다. 2024년 11월에는 전라남도와 김대중평화센터가 공동으로, 목포에서 '김대중 100년 평화페스티벌'을 열고 기조강연, 특별강연, 테마토크쇼 등 다채로운 행사를 가졌다.

그렇다면 향후 과제는 무엇일까? 2024년 김대중 탄생 100년을 기점으로 3가지 측면에서 발전하기를 바란다. 첫째, 김대중 리더십의 안착이다. 그의 리더십이 정파나 이념과 지역을 초월하여 명실상부한 대한민국 정치리더십의 롤모델로 자리매김하도록 하는 일이다. 이를 위해서는 보다 정교한 김대중 리더십의 이론화-체계화가 필요하다. 두 번째는 김대중 리더십의 확산이다. 김대중 리더십이 정치뿐만 아니라 다양한 분야로 확산되고 특히 초중고교나 2030 젊은 층에게 확산되도록 하는 일이다. 이를 위해서는 심리학적 관점에서 김대중 리더십의 실질적인 교훈을 제시할 수 있어야 한다. 세 번째는 김대중 리더십의 글로벌화다. 한국을 벗어나 세계 여러 나라로 그의 리더십 모델이 전파되면 대한민국의 위상과 이미지 차원에서도 바람직하다. 박정희 리더십은 이미 오래전부터 개발도상국에서 널리 적용되고 있다. 박정희-김대중 두 대통령의 리더십이 널리 전파된다면 화해와 통합의 리더십 측면에서도 좋지 않겠는가? 이를 위해 나는 나름대로 대학 강의, 특강, 방송, 세미나, 저술 등 다양한 방법으로 해오고 있지만 좀 더 광범위하고 체계적으로 이루어져야 한다고 생각한다.

제2장

지금 우리에게 꼭
필요한 리더십

제2장

지금 우리에게 꼭 필요한 리더십[6]

우리는 왜 또 다시 김대중 리더십을 알아야 할까? 그가 과거에 보여준 탁월한 리더십이 오늘날 우리의 현재와 미래에 꼭 필요한 노하우와 전략을 제시해주기 때문이다.

시공을 초월한 리더십의 항상성

세월이 흘러도 변함없이 본받을만한 리더십이 있다면 그게 바로 '김대중 리더십'이라고 본다. 지금도 김대중 리더십을 높이 평가하는 이유는 그의 리더십이 이념과 시공을 초월하여 언제어디서나 '항상' 통할 수 있는 '리더십의 항상성'(恒常性)을 지녔기 때문이다. 김대중은 태어난 지 100년, 세상을 떠난 지 15년이 지났지만 지금도 그의 리더십은 다방면에 적용될 수 있다. 링컨, 루스벨트처럼 세계적인 위인들이 존경받는 이유도 그들의

---

6) 최진, <대통령리더십 총론>(법문사, 2007), <대통령리더십>(나남, 2003) 참조

리더십이 예나 지금이나 '항상' 통용될 수 있는 리더십의 항상성을 가졌기 때문이다. CEO들이 반드시 알아야 할 현대 경영학의 원조로 불리우는 피터 드러커가 제시한 인간 중심적 경영철학도 오랫동안 변함없이 통용되고 있다. 여기서 '항상성'이란 '지속성'과 '다양성', '포괄성' 등을 포괄하는 개념이다.

리더십의 항상성과 관련하여 한 가지 진기록이 있다. 김대중이 2009년 세상을 떠난 지 15년이 지난 2024년 현재까지 동작동 묘소에서는 매주 화요일 오전 11시경 동교동 사람들이 참배의식을 갖고 있다. 처음 몇 년 동안은 매주 50여 명이 비가오나 눈이 오나 참배했고 지금도 적지 않은 숫자가 주례 참배를 갖고 있다. 10년 넘게 매주 빠짐없이 수십 명이 참배의식을 갖는 것은 아마 세계적으로도 드문 기네스북 감이다. 평일에는 전국 각지에서 온 참배객들의 발길이 끊이지 않고 있다. 역대 대통령들의 생가 중에서 참배객들의 발길이 가장 잦은 곳은 대구에 있는 박정희의 생가일 것이다. 노무현의 생가와 사저가 있는 봉화마을에도 많은 추모객과 관광객들이 방문하고 있다.

리더십이 항상성을 지니기 위해서는 세 가지 조건이 필요하다. 첫째, 시대를 초월해야 하고, 둘째 이념을 초월해야 하며, 셋째, 국경을 초월해야 한다. 한 지도자의 리더십이 수십 년, 수백 년이 지난 후에도 많은 사람들로부터 존경받고 재적용되기 위해서는 시대-이념-국경의 3대 장벽을 뛰어넘는 초월성이 있어야 한다. 이는 그 지도자가 살아온 삶과 정치철학과 업적을 보면 알 수 있다. 김대중은 거시적이고 미래지향적인 역사관을 가졌고, 보수와 진보의 이념적 틀에 매몰되지 않았으며, 통합정치를 구현하려고 노력했다. 아울러 남북의 경계선과 한미외교의 경계선을 뛰어넘어 동북아 평화와 외교 다변화에 기여하며, 그 공로로 노벨평화상을 받고 국제 지도자로 부상했다.

나는 20여 년째 CEO들을 대상으로 전국에서 대통령 리더십과 관련한 강의를 해오고 있다. 그런데 사전에 공지한 강의 제목에 '대통령'이라는 용어가 들어가면 참석율이 10%가량 줄어든다. 뻔한 정치 이야기를 하는 것으로 지레짐작하기 때문이다. 그러나 역대 대통령들로부터 도출한 CEO의 경영전략을 제시하면 흥미진진하게 듣고 다시 초청하곤 한다. 대통령의 리더십과 CEO의 리더십은 일맥 상통한다는 얘기다. 그런 점에서 김대중 리더십은 CEO를 비롯한 다양한 분야 사람들에게 매우 독특하고 유익한 전략과 노하우를 제공해준다. 김대중의 리더십은 그 자체로 행복과 성공의 지침서라고 할 수 있다. 아울러 내가 역대 대통령들의 리더십을 연구하면서 느끼는 점은 시간이 흐를수록 이승만-박정희-김대중 세 사람의 리더십에 대한 관심과 연구가 활발해지리라는 믿음이다. 물론 다른 대통령들에 대한 연구도 활발해지기를 바란다. 이를 위해서는 나 같은 전문가들의 노력이 필요하고, 나아가 우리 국민들이 최대한 객관적이고 중도적인 시각에서 대통령들을 바라보려는 노력이 필요하다고 본다.

내공 & 아우라 & 카리스마

요즘 '내공', '아우라', '카리스마' 같은 말은 아날로그시대의 옛날 용어처럼 들리겠지만, 실제로 정치인이나 CEO들 가운데 내공은 몰라도 아우라와 카리스마가 있는 사람은 찾아보기 드물다. 오늘날 참을 수 없는 가벼움이 횡행하는 시대에는 오히려 적절한 수준의 아우라와 카리스마가 필요해 보인다. 역대 대통령 중에서 김대중만큼 내공과 아우라, 카리스마를 모두 겸비한 사람은 드물다. 아마도 사선(死線)을 넘나든 고난의 삶과 피나는 노력의 산물일 것이다. 그에 대한 호불호를 떠나 많은 사람들이 인정하는 부분이다. 이승만과 박정희도 그와 막상막하라고 본다. 기업 총수들 중에는 이병철, 이건희, 정주영, 김우중 같은 사람들을 거론할 수 있을 것이다.

내공에는 어떤 의미가 있을까? '고난 9단', '정치 9단' 김대중의 내공은 타의 추종을 불허한다. 그를 대하면 마치 산속에서 수십 년간 무술을 연마한 무협지의 고수가 생각난다. 내공(內功)의 사전적 의미는 '오랜 세월에 걸쳐 산전수전을 겪으며 터득한 내면의 힘이나 기운'이다. 펄펄 끓은 불과 차가운 물을 오가는 담금질 끝에 잘 만들어진 보검(寶劍)의 원리라고 할까? 김대중은 죽음의 위기와 투옥, 가택연금, 망명 등 육체적·심리적 고통과 같은 담금질을 수없이 거치며 내공을 쌓았다. 김대중의 내공은 담대함과 용기, 인내심을 포괄하는 말이다. 우리나라에서 정치를 하려면 '내공'이 필수이고, 성공한 CEO가 되기 위해서도 내공은 필요하다. 당신은 내공이 있는가?

아우라가 있는 사람을 만나본 적이 있는가? 김대중은 확실히 아우라가 있었다. 그가 아무 말을 하지 않고 가만히 있어도 그에게서 뭔가 범상치 않은 빛을 발하는 느낌이 든다고 말하는 사람들이 많았다. 그와 단둘이 독대를 할 때마다 나를 지그시 응시하는 그에게 강력한 기운이 뿜어져 나오는 것을 느끼곤 했다. 마치 드넓은 초원을 지배한 사자왕의 모습이라고 할까? '아우라'(Aura)는 원래 예술용어로 '뛰어난 예술작품에서 느껴지는 고상하고 비범한 분위기'라는 뜻인데, 요즘은 '감히 흉내낼 수 없는 비범한 품위나 품격'을 말한다. 아무리 뛰어난 정치지도자라고 해도 말과 행동이 가볍거나 투박하면 '아우라가 있다'는 말을 듣기 어렵다. 보통 오랜 세월에 걸쳐 내공이 쌓이고 쌓이면 아우라가 형성되어 순간순간 밖으로 발산된다. 우리 주변에서 아우라가 느껴지는 사람이 있다면, 그를 멘토나 롤모델로 삼으면 도움이 될 것이다.

요즘에는 카리스마가 있는 지도자를 보기가 힘들어졌다. 김대중에게는 강한 '카리스마'가 있었다. 그를 만나본 사람들은 이구동성으로 뭔가 딱 꼬집어서 말하기는 어렵지만 감히 범접할 수 없는 큰 무게감을 느꼈다고 말한다. 말로 설명하기 어려운 무언의 흡입력, 그게 바로 카리스마다. 카리스마는 내공과 아우라가 오랜 세월에 걸쳐 응축되고 쌓여서 형성된다. 원래 카리스마(Charima)는 그리스어로 '신이 주신 은총'이라는 뜻이지만, 독일의 사회학자 막스 베버는 카리스마를 '지도자의 강력한 매력'과

'추종자의 자발적 추종'이 결합해 만들어진 것으로 보았다. 따라서 베버에 의하면, 카리스마적 지도자는 강력한 매력과 자발적인 추종자들을 겸비한 지도자를 말한다. 두 조건을 적용하면, 김대중은 카리스마적 요건을 충분히 갖춘 지도자다. 김대중 외에 이승만-박정희 두 사람도 카리스마적 지도자라고 할 수 있다. 전두환도 강력한 통치권력을 가졌지만 베버가 말한 '자발적 복종'과는 거리가 멀기 때문에 그를 카리스마적 지도자라고 하지는 않는다. 여기서 한 가지 짚고 넘어갈 것은 과거의 '자발적 추종자'와 오늘날의 '자발적 추종자'와는 다르다는 사실이다. 요즘 자발적인 극성 팬덤을 가졌다고 해서 '카리스마적 지도자'라고 부르기는커녕 '독선적 지도자'라는 비판을 받기 십상이다. 왕년의 카리스마를 가진 정치지도자나 CEO가 요즘 다시 나타난다면, 국민적 관심과 지지를 받을 가능성이 높다. 국민들의 카리스마 향수 때문이다.

우리가 카리스마적 지도자가 되려면 어떻게 해야 할까? 세계적인 리더십 학자인 콩거(J. Conger)와 카눙고(R. Kanungo)에 의하면, 5가지 조건을 갖추어야 한다. 그것은 강렬한 현상변화 의지와 뜨거운 열정, 반(反)규범성, 환경 적응력, 존경과 숭배다.[7] 추종자들은 서로 간의 동질성을 확보해야 하고, 조직목표의 내면화를 위한 응집력(coherence)이 아주 강해야 한다. 이는 김대중이 반독재 민주화투쟁을 전개해왔고 동교동계라는 자발적인 지지그룹과 호남을 중심으로 하는 열성적인 지지층이 있었다는 점과 오버랩된다. 당신이 만약 카리스마적 지도자가 되었다

---

7) R. J. House, <A 1976 Theory of Charismatic Leadership>(1977)

면, 어떤 모습을 보여주게 될까? 미국의 사회심리학자이자 리더십 전문가인 하우스(R. House)에 따르면, 다음 7가지 특징을 보여줄 것이다. ① 강한 권력욕과 고도의 자신감, ② 유능하고 성공적인 이미지, ③ 이념적 목표의 구체화, ④ 추종자들의 희망과 이상, ⑤ 모범적 행태, ⑥ 높은 신뢰, ⑦동기유발 등이다. 이 7가지 내용들을 보면, 이승만-박정희-김대중 세 대통령의 통치 스타일이 떠오른다. 당신은 어느 정도 카리스마적 지도자라고 생각하는가?

차기 대권주자들을 보면, 정치적인 산전수전을 겪은 탓인지 대부분 내공이 있어 보인다. 이재명, 홍준표, 안철수, 오세훈, 유승민, 박지원, 이낙연, 김부겸 등의 내공은 세월이 흐르면서 점차 강해졌다. 이준석도 젊지만 내공이 만만치 않아 보인다. 한동훈, 김동연 등은 앞으로 어느 정도의 내공을 보여줄지 궁금하다. 다만, 이들 가운데 아우라나 카리스마를 갖춘 지도자라고 말할 수 있는 사람은 아직 없는 것 같다. 오늘날 민주사회에서는 카리스마가 있는 지도자가 좋다고 단언할 수는 없다. 카리스마는 자칫 권위주의가 될 수 있기 때문이다. 다만, 앞서 언급했듯이 정치지도자들의 권위가 지나치게 실추된 시대에는 '적절한 카리스마'가 있는 지도자를 선호한다.

실리적인 중도실용주의 리더십

"삼촌네 호떡도 맛이 있어야 사먹는 법이다"

잘 알려지는 않은 김대중의 어록이다. 뭐든지 실속이 있어야 한다는 얘기다. 요즘 정치권에서 서로 원원하는 '실용주의'를 찾아보기 어렵다. 과거 독재정권 때도 이해관계가 맞아떨어지면 협상을 했지만, 요즘은 실속 없고 극단적인 정치만능주의만 난무하고 있다. 그럴수록 김대중의 실용주의 리더십이 절실하게 와닿는다. 김대중의 어록 가운데 가장 유명한 '서생적 문제의식과 상인적 현실감각을 겸비해야 한다'는 말은 정치인의 실용주의를 강조한 말이다. 우리는 지나치게 정치적이고 전투적인 반(反)실용주의자들을 경계해야 한다. 차기 대권주자들은 정치 이슈에 쉽게 뛰어들지 말고, 실용적인 정책이슈와 민생이슈에 뛰어들기 바란다. 특히 CEO에게 실용주의보다 더 중요한 것은 없다.

서예가 취미인 김대중이 사람들에게 붓글씨를 써줄 때 가장 많이 써주는 한자는 '실사구시'(實事求是)였다. 나에게도 이 붓글씨를 써주었다. 김대중이 이 글을 자주 써준다는 것은 이 글이 그의 정신세계와 정치철학에 깊이 내재해 있다는 뜻이다. 실사구시는 그럴듯한 명분이나 겉치레가 아니라 확실한 실리와 실익을 추구하는 실용주의와 같은 개념이다. 실사구시와 실용주의만큼 김대중의 리더십을 '뚜렷하게' 보여주는 말도 없다. 그것은 김대중 리더십의 핵심이라고 할 수 있다.

정치지도자의 실용주의는 무엇인가? 김대중은 "나는 결코 이상주의자도 공상주의자도 아니다. 오직 이상을 현실로 옮기고자 노력하는 실용주의자일 뿐이다!"라고 말했다. 그는 또 실용주의에 대해 "내가 싫든 좋든 현실을 현실로 인정하고 우리 이익을 위해 필요한 대응을 하는 것"이라고 명료하게 정리한 바 있다. 즉, 실용주의는 본인의 생각보다 국민의 생각이 더 중요하다고 보는 것이다. 김대중은 이러한 '실사구시론'과 '실용주의론'을 행동으로 보여주었다. 대표적인 사례 가운데 하나가 6공 초기인 1989년 3월 세상을 떠들썩하게 했던 중간평가 유보 합의였다. 당시 노태우 대통령은 대선 공약인 중간평가를 지켜야 한다는 국민적 압박을 받았으나, 김대중은 엄청난 국력 낭비에 소모적인 정쟁이 극대화될 것이라며 중간평가를 유보키로 합의했다. 이 때문에 노태우 대통령과의 밀약설에 시달렸지만 김대중은 명분보다 실리를 택한 것이다.

　　이 세상에 실리보다 중요한 정책은 없다는 것을 보여준 사람이 김대중이었다. 그는 온갖 비난을 무릅쓰고 오로지 국익을 위해서 일본 대중문화를 개방했다. 1998년 취임 첫 해에 김대중 정부가 일본 문화를 개방하려고 하자 반일 기류와 함께 지지층과 국내 문화예술계의 거센 반대가 일었다. 광화문에서는 일본의 영화, 음반, 게임 개방을 반대하는 대규모 시위·집회가 열렸다. 그러나 김대중은 끝까지 밀어붙여 관철시켰다. 정치적인 명분보다 문화예술적인 실리가 더 중요하다고 판단한 것이다. 시간이 지나면서 한국이 일본보다 더 많은 실리를 얻음으로써 결국 김대중의 일본 문화 개방 결단이 옳았음이 판명났다. 실용주의가 이념과 명분을 이긴 케이스였다.

　청와대와 정부 인사 때도 중도적인 실용주의가 적용됐다. 동교동 가신 출신이나 대선 캠프 출신보다 공직자와 전문가그룹이 더 많이 배치된 것이다. 최초로 수평적 정권교체를 달성한 청와대에 걸맞은 인사를 해야 한다는 '정치적 명분론'보다 능력있고 국정경험이 있는 참모들이 일하는 청와대를 만들어야 한다는 '정책적 실리론'이 더 힘을 얻은 것이다. 청와대 외교안보수석실의 경우, 통일정책의 일관성을 유지해야 한다는 이유로 김영삼 정부시절부터 근무해온 공무원들을 모두 유임시켰다. 그런가 하면 청와대 참모들 가운데 총선이나 지방선거 출마를 위해 업무를 소홀히 하는 참모는 가차없이 내보냈다. 이 또한 정치보다 정책을 중시했기 때문이다. 언제부터인가 대통령실이 선거 출마자 들의 대기소나 경력 관리소라는 오명을 듣기 시작한 것과는 대조적이다.

　대외정책도 이념보다 국익을 중시하는 중도실용주의가 적용됐다. 즉, 미국 중심의 '1동맹 3우호체제론'을 통해 한미 군사동맹을 굳게 유지하면서도 일본-중국-러시아와는 우호적인 관계를 유지해야 한다는 '좌우 날개론'이었다. 과거에 일-중-러 세 나라는 모두 한국을 침략한 적이 있었는데 미국이 균형자 역할을 해주면 이 3국에 대한 견제가 된다는 논리였다. 어느 한쪽으로 기울지 않고 두루 실리를 챙기는 일종의 다원 외교였다. 김대중은 2000년 남북정상회담에서 김정일의 문제제기에도 불구하고 주한 미군 주둔 입장을 강력하게 고수했다. 이 또한 실용주의적 국방론에 바탕을 두고 있었다. 그가 실용주의를 강조할 때 자주 언급하는 사람은 중국 춘추전국시대를 통일한 진시황이다. 진시황은 가혹한 통치로 많은 비판을 받지만 중국 봉건제도를 종식시키고 문자통일, 도량형 개혁, 법률제도 확립 등을 통해 국리민복을 크게 진작시켰다는 점에서 높이 평가되어야 한다는 것이다. 실용주의적 역사관이었다.

"나는 일생을 살아오면서 두 가지 지표를 지키려고 노력했습니다. 하나는 행동하는 양심이고 다른 하나는 실사구시입니다!" 김대중의 말을 들어보면, 실사구시 즉 실용주의는 김대중이 평생 지키겠다고 다짐한 두 가지 지표 중 하나였다. 그가 얼마나 실용주의를 중시했는지 알 수 있다. 안타깝게도 요즘에는 실용주의와는 거리가 먼 정치제일주의뿐이다. 지금 당장이라도 대통령과 여야 대표가 '정치적 관점'이 아니라 '실용주의적 관점'에서 머리를 맞대면 얼마든지 해법을 찾을 수 있다. 다음 대선에서는 정치만능주의자가 아니라 '중도실용주의자'를 선택하는 일이 우리 모두를 위해 꼭 필요하다.

용의주도한 아웃복서스타일의 마이너스형 리더십[8)]

당신은 마이크 타이슨처럼 핵펀치를 날리며 저돌적으로 치고 들어가는 인파이터형 복서 스타일인가? 아니면 플로이드 메이웨더처럼 차근차근 점수를 따면서 공략해나가는 아웃복서형인가? 전자가 플러스형 인간이라면, 후자는 마이너스형 인간이다. 심리학적 접근방식을 통해 지도자의 유형을 분류한 나의 박사학위 논문에 의하면, 플러스형 리더십은 말과 웃음이 많고 행동이 많은 3다(多)의 리더십이며, 마이너스형 리더십은 말과 웃음이 적고 행동이 적은 3소(小)의 리더십이다. 김대중은 아웃복싱을 구사하는 전형적인 마이너스형 인간이다. 당신은 플러스형인가? 마이너스형인가?

김대중과 같은 마이너스형 인간은 다섯 가지의 특징이 있다. 내성적 토론주의자─소극적 협상주의자─이론적 실리주의자─비판적 안정주의자─플러스형 참모 선호현상이다. 당신이 마이너스형 인간이라면 이런 성향을 보일 가능성이 높다. 이런 사람은 비교적 차분하고 신중하며 논리적이다. 김대중이 투쟁적인 삶을 살아왔고 연설을 잘하기 때문에 화끈한 인파이터형 즉 플러스형 인간이라고 생각할지 모르겠지만, 그는 과묵하고 치밀한 마이너스형 지도자다. 박정희─박근혜 부녀 대통령도 이와 비슷한 마이너스형이다. 반면에 김영삼─노무현은 화끈한 인파이터형 즉 플러스형이다. 이처럼 역대 대통령들의 리더십 유형을 제대로

---

8) 최진, <대통령리더십과 국정운영 스타일의 심리학적 상관관계> 논문 참조

파악하는 것은 그들의 국가경영방식을 제대로 분석하고 평가하는 데 필수적이다. 만약 그들의 리더십 유형을 잘못 파악하게 되면, 그들에 대한 분석과 평가작업이 모조리 잘못될 수 있다. 당신의 리더십도 마찬가지다. 과거와 현재를 제대로 진단해야 미래에 대해 올바른 해법과 전략을 찾을 수 있다.

김대중 같은 마이너스형 지도자들은 국무회의, 정책수립과 결정, TV토론 등 매사에 철저하게 준비한다. 이런 대통령은 말실수도 적고, 진정성이 있으며, 권위가 있다. 쉽게 화를 내거나 우왕좌왕하지도 않는다. 국가지도자로서는 꼭 갖추어야 할 리더십 유형이다. 특히 요즘처럼 가볍고 즉흥적이며 공격적인 플러스형 리더십이 난무하는 시대에 김대중의 마이너스형 리더십은 새삼 돋보인다. 그러나 마이너스형 리더십의 단점은 결정적인 순간에 판단을 미루거나 너무 재다가 때를 놓치기도 한다. 김대중은 장·차관 인사 때 여론 검증을 너무 철저하게 하다가 극적인 효과가 반감되기도 했다. 옷로비 사건이나 아들문제도 좀 더 신속하고 과감하게 대응했더라면, 사태가 그토록 확대되지는 않았을 것이라는 생각이 든다. 여기서 한 가지 강조하고 싶은 것은 플러스형 리더십과 마이너스형은 리더십은 각기 장단점이 있기 때문에 어느 쪽이 더 낫다고 단정할 수 없지만, 요즘 시대에는 아무래도 밝고 능동적인 플러스형 리더십이 유리하다는 점이다. 플러스형은 소통과 대중친화력, 공감대 형성에 유리하기 때문이다. CEO는 정치인들에 비해 훨씬 더 밝고 능동적인 플러스형 리더십을 보여주어야 한다. 차분하고 소극적인 마이너스형 CEO들은 보다 활동적인 모습을 보여주기 바란다.

플러스마이너스 리더십 이론에 의하면, 윤석열 대통령은 인파이터형 스타일의 플러스형이다. 임기 초반에 도어스태핑을 통해 국민들과 적극적인 스킨십을 시도했고, 야당에 대해서도 당당하고 거침없이 밀어붙인 것이 대표적인 경우다. 그러나 시간이 지날수록 장점은 사라지고 단점만 부각되고 있어서 안타깝다. 이재명과 홍준표, 이준석도 인파이팅을 즐기는 플러스형이다. 반면에 이낙연, 한동훈, 오세훈, 안철수, 김동연 등은 아웃복서스 스타일의 마이너스형에 가깝다. 정치지도자들이 자신과 경쟁자들의 리더십 유형을 제대로 파악하는 것은 매우 중요하다. 그래야 자신의 장점은 극대화하고 상대방의 약점을 극대화할 수 있는 '지피지기 백전백승의 전략'을 세울 수 있다.

큰 바위처럼 안정적인 행정가형 리더십

당신은 트럼프처럼 화끈한 선동가형인가? 아니면 바이든처럼 차분한 행정가형인가? 현대 정치학과 정치심리학자의 대가인 헤럴드 라스웰(H. Lasswell)은 성격적 특징에 따라서 지도자의 유형을 두 가지로 분류했는데, 내가 파악한 김대중은 전형적인 행정가형이다. 그렇다면 차기 대권주자들은 어느 유형인지 살펴보자. 일의 특성상 정치인이나 CEO는 아무래도 역동적인 선동가형 리더십이 좀 더 유리하겠지만, 국가지도자나 공직자라면 안정적인 행정가형 리더십이 좀 더 유리할 것이다. 당신은 어느 유형에 해당되는가?

지혜의 지배자 김대중

라스웰에 의하면, 선동가형은 변화무쌍한 '드라마틱한 성격'인데 비해, 행정가형은 결벽적이고 완벽주의적인 '강박적 성격'이다. 이 대목만 봐도 김대중은 후자다. 그와 함께 일해본 사람들이라면 그가 얼마나 완벽을 추구하는지 잘 알 것이다. 대중의 심금을 울리는 대중연설을 잘하기 때문에 '선동가형'이라고 생각할지 모르겠지만, 그는 평소에 과묵하고 논리적이며 열심히 일하는 공무원 스타일이다. 내가 오랫동안 곁에서 관찰하고 연구한 그는 확실히 '행정가형'이었다. 정치 감각이 뛰어난 공무원이라고 할까? 그와 비슷한 타입이 박정희 대통령이라면, 윤석열 대통령과 이승만 대통령, 노무현 대통령 등은 선동가형에 가깝다.

김대중–박정희와 같은 '행정가형'(Administrator style) 지도자의 특징을 라스웰은 다음과 같이 제시했다. ① 경직되고 완고한 대인관계, ② 꼼꼼하고 치밀하고 논리적인 타입, ③ 객관적 과정 중시, ④ 심사숙고스타일 등이다. 이 네가지 특징을 보면, 김대중의 성격과 업무스타일, 그리고 리더십이 그대로 오버랩된다. 김대중은 평소에 "사소한 것 하나하나에 신중을 기하는 세심함은 큰 일을 하는 사람의 올바른 자세다", "논리적인 검증을 거치지 않은 경험은 잡담에 불과하다", "역사를 볼 때 가장 중요한 것은 객관적인 시각이다"라고 말했다. 그가 강조한 신중함, 세심함, 논리적 검증, 객관성은 모두 행정가형의 주요 특징들이다. 이런 특징 덕분에 그는 대통령이 된 후에 마치 공무원처럼 성실하게 국정을 운영하여 정책 분야에서 많은 업적을 남겼다. 만약 그가 선동가형이었다면, 정치 분야에 더 많은 관심을 쏟고, 그 분야에서 업적을 쌓았을 것이다.

행정형과 반대되는 선동가형(Agitator style)은 김영삼 대통령처럼 드라마틱한 성격을 가진 지도자를 말한다. 그의 하나회 척결이나 금융실명제는 얼마나 드라마틱했는가? 인사를 할 때도 그는 드라마틱한 상황을 연출하곤 했다. 이런 지도자는 정치 분야에 강하지만 정책 분야에서는 취약한 측면이 있다. 즉, 선동가형은 호쾌하고 시원시원한 장점이 있지만, 때로는 가볍고 즉흥적이며 공격적인 단점이 있다. 이 대목에서도 분명히 말하고 싶은 것은 양쪽 리더십이 각각 장단점이 있기 때문에 어느 쪽이 좋은 리더십이라고 단정할 수 없다는 점이다. 다만, 대중들을 자극하여 변혁적 상황을 만들어가려면 선동가형이 유리하고, 대중들을 차분하게 이끌어 안정적인 상황을 만들어가려면 행정가형이 유리하다. CEO의 경우, 대외활동이 중요한 만큼 아무래도 공무원 같은 행정가형보다는 정치인처럼 활동적인 선동가형이 좀 더 유리할 것이다.

다시 정리해보면, 차기 대권주자 시절에는 아무래도 역동적인 선동가형 리더십이 좀 더 필요하고, 대통령이 된 후에는 안정적인 행정가형 리더십이 좀 더 필요하다고 본다. 그렇다면 지금 당장 우리에게는 어떤 리더십이 필요할까? 두말할 것 없이 '행정가형 리더십'이다. 지금은 변화무쌍한 정치보다 믿음직한 정책과 민생이 훨씬 더 절실하게 요구되기 때문이다.

지혜의 지배자 김대중

공적 관계를 중시하는 과업지향형 리더십[9]

국정이나 정치, 사업에서 사적인 인간관계가 지나치게 부각되면 탈이 생긴다. 비선논란, 공공기관의 낙하산 인사, 충성파 공천, 일감 몰아주기, 커미션 등등. 그렇다면 당신은 '사적 인관관계'를 더 중시하는 인간중심형인가? 아니면 '공적 업무관계'를 더 중시하는 과업지향형인가? 세계적인 리더십 전문가인 메이어(Meyer)와 켈리(Kelly)는 사람과 일을 대하는 태도에 따라서 위의 두 유형으로 구분했는데, 내가 오랫동안 관찰하고 연구한 김대중은 확실히 '과업지향형'(Task-oriented type)이다. 그는 '사람'보다 '일'을 중시하고, '의리'보다 '효율성'을 더 중시했다. 리더십의 특성상 국가지도자나 차기 대권주자들은 사적인 인간중심형 리더십보다 공적인 과업지향적 리더십을 더 많이 발휘해야 한다.

김대중과 함께 일해본 사람이라면 그가 얼마나 냉철한 과업지향형 리더십을 가졌는지 실감했을 것이다. 그는 인간적이고 자상하며 관대하지만 일에 있어서는 찬바람이 쌩쌩 불었다. 야당시절이나 대통령이 된 뒤에나 그는 사적인 만남, 사적인 대화, 사적인 조직, 사적인 업무를 최대한 멀리하는 대신에 공적 대화, 공적 조직, 공적인 업무, 공적 시스템을 유난히 강조하고 중시했다. 그가 사조직이나 다름없는 동교동계를 오랫동안 이끌었고 동교동 가신들과 생사고락을 함께 해왔기 때문에 '인간중심

---

9) 최진, <대통령리더십총론>(2007, 법문사), <대통령리더십과 국정운영스타일의 심리학적 상관관계> 논문(2005, 고려대) 참조

형 리더십'을 가졌다고 본다면, 큰 오산이다. 그는 늘 공공선(善)과 공익, 공동체 정신을 강조했고, "사사로운 인연이 자칫 대사를 그르칠 수 있다"고 말하곤 했다. 그는 아무리 가까워도 호형호제 하는 사람이 극히 드물고 사적인 농담을 주고받는 경우도 보기 어렵다. 이러한 과업지향적인 사고방식과 태도는 그의 내향적 성격과 험난한 정치역정, 그리고 공공성을 유난히 중시했던 인생철학과도 관련이 깊다고 본다.

청와대나 내각 인선, 그리고 대선출마와 총선 공천 같은 중요한 고비마다 김대중은 특유의 과업지향적 리더십을 강하게 보여주었다. 97년 대선 때 수십 년간 생사고락을 함께 해온 동교동 최측근들이 임명직 공직 포기를 선언했는가 하면, 총선 때마다 측근들이 희생양이 되곤 했다. 특히 청와대 인선 때는 오랫동안 헌신해온 당직자나 대선캠프 출신들은 최소화하고 외부 전문가들과 관료 출신들로 대거 채웠다. 역대 어느 정부의 청와대도 대선 공신들이 이토록 배제된 적은 없었다. 청와대가 사적 인맥 대신 공적 인맥으로 몽땅 채워진 것이다. 여기서 중요한 '권력의 법칙' 하나를 소개한다. 권력자의 '사적 인맥'이 많으면 당장 편하지만 점차 불편해지는데 반해, 공적 인맥이 많으면 당장 불편하지만 점차 편해진다. 이건 정치권에서 불변의 법칙이다.

사실 인간중심형 리더십도 장점이 많다. 전두환, 김영삼, 노무현 등은 사적인 인간관계와 의리를 중시하고 호불호가 뚜렷하며, 자기사람을 확실히 챙긴다. 한국정서상 사적 인간관계를 절대 무시할 수 없다. 특히 CEO는 더욱 그런 것 같다. 문제는 사

지혜의 지배자 김대중

적 관계가 공적 관계를 뛰어넘거나 아예 무력화시킨다는 점이다. 리더의 위치에 있다면 공적 관계를 중시하되 사적 관계를 적절히 가미하면 최고의 리더십을 발휘할 수 있을 것이다. 그렇지 않고 사적 관계를 너무 중시할 경우, 공적 관계는 깨질 수밖에 없다. 다시 한 번 강조한다. 국가지도자와 정치지도자는 과업지향형 리더십을 좀 더 지향하고, CEO는 인간중심형 리더십을 잘 활용하면 성공의 길로 빠르게 도달할 것이다.

큰 흐름을 거스르지 않는 대세편승형 리더십[10]

"정치는 국민보다 반발짝 앞서 나가야 한다"는 명언을 남긴 사람이 김대중이다. 그는 "너무 앞서가면 잡은 손이 떨어지고 따라올 수 없다. 그들 안으로 들어가서 그들이 무엇을 원하는지 파악하라. 하지만 나란히 가면 발전이 없다"고 말했다. 주변 상황을 둘러보면서 점진적인 변화를 해야 한다는 논리다. 만약 김영삼이라면 "정치는 국민보다 한참 앞서 나가야 한다"고 말했을 것이다. 앞만 바라보고 파격적인 변화를 해야 한다는 논리다. 김영삼처럼 큰 흐름을 앞에서 주도해나가는 것이 대세주도형이라면, 김대중처럼 큰 흐름을 곁에서 서서히 따라가는 것은 대세편승형이다. 세계적인 리더십 철학자 시드니 훅(S. Hook)은 시대상황(역사)에 대처하는 지도자의 대응태도에 따라서 지도자의 유형을 두 가지로 분류했는데, 내가 관찰하고 파악한 김대중은

---

10) 최진, <대통령리더십총론>(2007, 법문사) 참조,

'대세편승형 지도자'다. 김대중은 진두지휘형이나 이상주의자가 아니라 심사숙고형이자 현실주의자였다. 그는 급격한 변화보다는 도도한 역사적−시대적 흐름을 딱 반발짝 앞서서 국민과 함께 가는 점진적 개혁주의자요, 대세편승형(Eventful type) 리더였다. 차기 대권주자들은 둘 중 어느 유형일까? 당신은 어느 유형인지 자가진단해보자.

누군가가 대세주도형인지 대세편승형인지를 아는 것이 매우 중요하다. 그가 시대와 역사의 고비마다 어떻게 대응했는지를 본질적으로 파악하는 데 도움이 되기 때문이다. 예컨대, 김영삼 같은 대세주도형 리더는 '개인의 역할'과 '주관적 판단'을 중시하여 중앙청을 단숨에 철거하고 하나회 군인들을 모조리 숙청했다. 반면 김대중 같은 대세편승형 리더는 '시대의 흐름'과 '객관적 환경'을 중시한 탓에 매사에 신중을 기했고, IMF 위기를 극복할 때도 자신의 능력보다는 국민들의 단결력을 더 믿었다. 장관이나 공공기관장 인선, 중요한 정책결정을 할 때도 본인이 앞장서서 결론을 내기보다 참석자들의 의견을 충분히 경청하고 객관적 환경을 다각도로 고려한 후에야 최종 결론을 내린다. 어찌 보면 그의 대세편승형은 '민심편승형'이다. 이런 리더십은 국민보다 딱 반발짝 앞서 나가기 때문에 대통령과 국민이 보조를 맞추면서 함께 나아갈 수 있다. 반면에 중요한 고비에 더디고 답답한 느낌을 주는 단점은 앞에서도 지적했다.

차기 대권주자들을 보면, 김대중처럼 차분하고 안정적인 느낌을 주면서도 때로는 답답하고 좌고우면하는 대세편승형 주자들

지혜의 지배자 김대중

이 있다. 반대로 김영삼처럼 시원시원하고 진취적인 느낌을 주면서도 때로는 좌충우돌하는 대세주도형 주자들도 있다. 두 리더십의 장점을 취해서 활용하기 바란다. 지금까지 제2장의 내용을 종합해보면 김대중의 실용주의 리더십과 마이너스형 리더십, 행정가형 리더십, 대세편승형 리더십 그리고 과업지향형 리더십은 모두 일맥 상통한다. 이 리더십들의 공통된 키워드를 꼽는다면 '용의주도함', '신뢰감', '안정감'이다. 요즘 우리에게 가장 필요한 덕목들이라고 본다.

김대중 리더십 & 국정운영방식

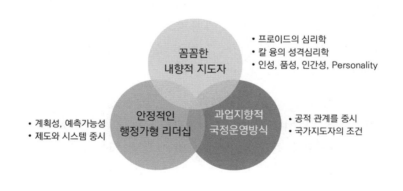

- 꼼꼼한 내향적 지도자
  - 프로이드의 심리학
  - 칼 융의 성격심리학
  - 인성, 품성, 인간성, Personality
- 안정적인 행정가형 리더십
  - 계획성, 예측가능성
  - 제도와 시스템 중시
- 과업지향적 국정운영방식
  - 공적 관계를 중시
  - 국가지도자의 조건

화법으로 보는 논리적 설득형 리더십

"말과 마법(魔法)은 태초에 하나였다!" 프로이드의 말이다. 말은 마치 마법처럼 엄청난 효과를 발휘해서 모든 상황을 일거에 뒤집을 수 있다는 얘기다. 실제로 정치인과 CEO 가운데 말 한마디로 천국과 지옥을 오가는 사람들이 허다하다. 대통령은 더 말할 나위가 없다. 모든 리더들의 자질과 능력 가운데 가장 중요한 것 하나만 꼽는다면, 단연 '말'이다. 리더의 설득력, 소통능력, 공감능력이 모두 '말'로 이루어지지 않는가? 프로이드는 "말에는 신비한 힘이 있다"면서 "왜냐하면 말을 통해서 무한한 행복을 줄 수도 있고, 깊은 절망을 줄 수도 있기 때문이다"라고 말했다. 그런 점에서 김대중의 웅변실력은 크나큰 행운이다. 그가 정치인으로 이름을 날렸고 대통령으로 성공적인 평가를 받은 것도 모두 말 덕분이다. 그에 비하면 요즘 우리 정치인들의 말은 얼마나 거칠고 살벌한가?

역대 대통령들의 화법에 점수를 매긴다면, 아마 김대중의 화법이 높은 점수를 받을 것이다. 수려한 달변 때문이 아니라 '철저한 사전준비성' 때문이다. 그는 하고 싶은 말이 많거나 화가 나도 절대 즉흥적으로 말하지 않는다. 답답할 정도로 다듬고 또 다듬은 다음에 리허설을 거쳐 입을 연다. 그리고는 논리적으로 하나둘씩 단계적으로 설명해 나간다. 이런 그의 화법을 '논리적 설득형'이라고 한다. 그는 스스로 자신에게 설득이 되어야 입을 열고, 일단 입을 열면 첫째, 둘째, 셋째 하는 식으로 분류하며

지혜의 지배자 김대중

상대를 논리적으로 설득해나간다. 여기서 '논리적'이라는 말은 '감정적'이라는 말과 반대로 쉽게 흥분하거나 동요하지 않는다는 뜻이다. 당연히 막말이나 구설수가 나올 가능성이 적고 언어로부터 신뢰감을 준다. 국가지도자로서는 매우 바람직한 화법이다.

김대중의 말은 대체로 3단계를 거쳐서 입에서 밖으로 나온다. 1단계는 김대중이 큰 틀과 방향성을 참모에게 제시해준다. 제2단계는 참모들이 정리해서 초안을 가져온다. 3단계는 김대중이 최종적으로 수정하고 보완해서 완성한다. 이게 전부가 아니다. 위의 세 단계를 거치는 과정에서 또 다른 참모나 외부 전문가로부터 별도의 조언을 구한다. 이런 과정을 거친 후에야 비로소 그의 입을 통해 언론과 국민들에게 전달된다. 그러니 엉뚱한 발언이 갑자기 툭 튀어나오기 어렵고, 정책이 우왕좌왕할 가능성도 적다. 이런 논리적 설득형 화법은 그의 꼼꼼한 성격과 용의주도한 리더십에서 비롯된다. 과거 김영삼 대통령이나 노무현 대통령은 즉석 연설이나 즉흥 발언으로 박수와 감동을 자아내기도 했지만, 말실수로 애를 먹은 적이 한두번이 아니었다.

우리 대통령들의 화법을 보면 그들의 성격과 스타일, 리더십이 그대로 나타나 있다. 윤석열은 속마음을 가감없이 전달하는 '직설적 감성화법'이다. 임기 초반 도어스태핑이나 언론인터뷰, 측근들과의 대화를 보면, 말을 빙빙 돌리지 않고 곧바로 내놓는다. 이런 화법은 솔직하고 자유분방하며 친밀감을 주지만, 즉흥적이어서 자칫 실언으로 오해와 논란을 야기할 수 있기 때문에 발언 전에 충분한 준비가 필요하다. 역대 대통령들의 화법을 보면, 이승만의 화법은 '현란한 웅변형'이다. 당대의 웅변가이자 최고 엘리트였던 그는 상대의 마음을 사로잡는 연설로 유명하다. 박정희의 화법은 준비된 원고를 또닥또박 읽어내려가는 행정가적 전달형이다. 전두환의 화법은 엄격하고 굵은 톤으로 명령하는 듯한 권위주의적 지시형이라면, 노태우의 화법은 감미롭게 사정하는 듯한 '부드러운 호소형'이다. 김영삼은 한손을 높이 들고 격정적으로 국민들에게 호소하는 '감성적인 호소형'이다. 노무현은 자신의 논리를 뜨겁게 토해내는 '열정적인 주장형'이라고 할 수 있다. 이명박이 CEO 출신답게 자세하게 내용을 설명하는듯한 '각론적 제시형'이라면, 박근혜는 준비된 원고와 문답을 깔끔하게 하고 끝내는 '간결한 단문단답형'에 해당한다. 문재인은 자신의 논리를 제시하면서도 상대방의 논리를 단호히 차단하는 듯한 '방어적인 문제제기형'이라고 규정해 보았다.

차기 대권주자들의 화법도 그들의 성격과 정치스타일을 고스란히 보여준다. 이재명은 하고 싶은 메시지를 그대로 내뿜는 '시원한 돌직구형'이라면, 한동훈은 누구와 언쟁을 벌여도 절대 밀리지 않으려는 '논리적 반박형'이다. 홍준표는 핫이슈를 정면으로 다루어 대중들의 이목을 집중시키는 '직선적인 이슈화이팅형'이다. 안철수 국민의힘 의원은 아젠다와 방향성을 제시하여 생각하게 만드는 '담론적 메시지전달형'이라고 본다. 이들의 화법에는 저마다 장단점이 있다. 중요한 것은 모름지기 지도자의 화법이라면 반드시 사전 준비성과 감성적인 요소가 있어야 한다는 점이다. 국민들은 '말 잘하는 사람'보다 '잘 말하는 사람'에게 더

호감을 갖는다. CEO의 화법은 일의 속성상 간결하고도 감성적인 양괄식 화법을 쓰는 것이 좋다. 즉, 자신의 일이나 제품을 소개할 때 장황하지 않게 명료하게 설명하되 감성적으로 설득해야 하며, 맨 처음과 맨 끝에 확실한 메시지를 강조해야 한다.

제3장

독특한 국정운영 전략 & 비법

제3장

독특한 국정운영 전략 & 비법

여기서도 김대중의 국정운영방식을 새삼스럽게 되돌아볼 생각은 없다. 단지 그의 과거 국정운영방식을 통해서 현재와 미래에 꼭 필요한 국정운영의 성공전략과 노하우를 얻고자 한다.

그가 다시 돌아온다면

요즘 유행하는 MZ세대 용어로 '얼죽아'(얼어 죽어도 아이스아메리카노)라는 말이 있다. 자기만의 취향을 고집한다는 뜻이다. 그러나 MZ세대가 아니라 대통령이나 정치지도자라면 '고치돈'(고구마, 치즈, 돈가스)이 되어야 한다. 필요에 따라서 언제든지 부드럽고 재밌는 모습으로 변신해야 한다는 의미다. 만약 김대중이 다시 돌아와 용산 대통령 집무실에 있다면, 윤 & 한 갈등, 의료대란, 영부인 문제 같은 골치아픈 난제들을 어떻게 풀어나갈까? 혹은 그가 집권 여당 대표라면 여권 갈등문제를 어떻게 풀어나갈 것이며, 제1야당 대표라면 사법리스크를 어떻게 돌파해 나갈까? 그가 차기 대권주자들을 만나면 무슨 말을 해줄까? 이런 궁금증에 대한 해답의 실마리를 김대중 대통령의 재임 5년의 국정운영에서 찾을 수 있을 것이다. CEO들에게도 그는 의미있고 실효성이 있는 메시지와 노하우를 제시해주고 있다.

지금 당장 산적한 난제들을 풀기 위해 가장 먼저 해야 할 일은 무엇일까? 틀림없이 김대중은 '만남의 정치'부터 개시할 것이다. 그는 재임 5년 동안 8차례의 여야 영수회담을 가졌고 그 가운데 7번을 이회창 야당 총재와 가졌다. 헌정 이래 영수회담 최다 개최 신기록 보유자답게 김대중은 여야와 정부의 주요 관계자들을 두루 만날 것이다. 만날 때는 절대 '적당히' 만나지 않고 사전에 '철저히' 준비하고 또 준비해서 서로 간의 공통분모를 하나씩 찾아갈 것이다. 그래도 어렵다면 국민들에게 직접 설명하고 도움을 요청할 것이다. 김대중은 대통령 재임 중에 지금 윤석열 정부에서 일어나고 있는 것과 비슷한 일들을 겪었다. 임기 초반 강력한 보수야당이 총리 인준을 반대하는 바람에 6개월가량 총리 대행체제로 갈 수밖에 없었고, 지금보다 더 힘들었던 의료갈등을 겪었으며, 옷로비 사건으로 이희호 여사가 구설수에 휘말렸다. 설상가상으로 임기 중후반 DJP 연합 결렬로 보수와 진보 양쪽으로부터 협공을 당했다.

위기상황에 대비하여 평소에 구축해 놓은 김대중 국정운영 시스템은 '정치와 민생의 분리'였다. 정치바람이 갑자기 몰아쳐도 민생과 경제가 흔들리지 않도록 '정치 따로, 민생경제 따로'의 투트랙으로 국정을 운영했다. 당이 정치를 감당하고 대통령, 청

　　　　　　　　　　　　　　　　지혜의 지배자 김대중

와대와 내각은 똘똘 뭉쳐 민생경제에 주력했기 때문에 정치바람을 최소화할 수 있었다. 그렇지 않고 평소에 대통령과 청와대, 여당이 정치에 몰두할 경우, 정치바람이 불면 온 나라가 휘청거리게 된다. 이 과정에서 가장 중요한 것은 대통령의 확고한 민생경제제일주의다. 대통령이 그 어떤 정치적 이슈보다 민생이 중요하다는 신념을 밝히면서 민생에 올인하면 점차 상황이 호전된다. 이때 대통령을 적극 도와주어야 할 제1 지원세력은 누가 뭐래도 대통령실 참모들이다. 그들은 국정의 콘트롤타워라는 책임감과 자긍심을 갖고 대통령의 민생제일주의를 뒷받침해야 한다. 결론적으로 대통령의 확고한 민생제일주의와 최측근 참모들의 역량이 여권과 대한민국의 운명을 가른다. 과거 어느 정부에서도 대통령과 측근 참모들이 굳건한데 국정이 흔들린 적이 없었고, 반대로 대통령과 측근 참모들이 흔들리는데 국정이 굳건한 적은 없었다.

전쟁 같은 여야 격돌관계를 풀기 위해서 김대중은 강온 양면 전략을 구사할 것이다. 그는 야당 시절 대여 투쟁을 전개할 때도 반독재 투쟁이나 지방자치제 실시 요구처럼 국민적 명분이 확실하다고 판단할 때는 강경 투쟁을 전개했지만, 특검, 인사, 법안, 정책처럼 논쟁적인 사안에 대해서는 과감하게 협상하고 양보하기도 했다. 강경 일변도 전략은 당장 효과가 있어 보이지만 갈수록 민심을 잃어가기 때문이다. 거듭 강조하지만, 김대중은 재임 5년 동안 정책에 있어서는 철저한 민생제일주의자였고, 정치에 있어서는 협상론자였고 중도개혁파였다. 지금처럼 양극단 정치가 지속될수록 대화와 타협의 정치를 바라는 민심의 욕구는 커진다는 것을 알아야 한다. 다음 대선에서는 김대중 같은 중도 온건파들이 국민들의 높은 지지를 받게 될 것이다. 사업을 하는 CEO들은 더더욱 이념이나 정파에 치우치지 않고 중도적인 모습을 보여줘야 유리할 것이다.

대통령의 분노와 스트레스 해소법

예나 지금이나 대통령이 화를 내면, 그 화(火)는 빛의 속도로 빠르게 전파된다. '제왕적 대통령중심제 국가'에서 대통령이 언성을 높이면, 순식간에 대통령실 참모를 거쳐 여당과 야당 그리고 언론에 퍼진다. 나는 역대 정부에서 이런 모습을 자주 보았고 직접 겪었다. 형태는 조금 다르지만 유력한 차기 대권주자들이 화를 내면 금방 언론에 도배된다. 물론 언론에 나오기 위해서 일부러 화를 내는 경우도 적지 않다. 마찬가지로 CEO가 격노하면 회사가 온통 요란해진다. 확실한 것은 대통령이든 누구든지 일단 화를 내면 득보다 실이 더 많다는 사실이다.

역대 대통령들의 분노 사례를 살펴보면, 김대중만큼 화를 잘 참고 화를 내지 않는 대통령도 없을 듯하다. 그는 독재정권에 저항하며 '정치적인 분노'는 자주 표출했지만, 특정 개인을 향한 '인간적인 분노'는 좀처럼 내지 않았다. 20여 년간 그를 근거리에서 보고 겪었지만 'DJ가 격노했다'라고 할만한 모습을 본 기억이 없다.

지혜의 지배자 김대중

김대중이 화를 내지 않는 비법이 있다면, 그것은 화를 내지 않기로 스스로 굳게 다짐하는 것이었다. 그에게는 '화(火)의 법칙'이 있었다. 첫째, 아무리 화가 나도 꾹꾹 눌러 참는다. 둘째, 정 화가 나면 아무도 몰래 조용히 불러 따끔하게 지적한다. 셋째, 무엇이 잘못 되었고 앞으로 어떻게 해야 할지를 말해준다. 즉, 분노의 대안을 제시해준다. 정치인이나 CEO들도 새겨들을 만한 '화의 법칙'이다. 그가 이러한 화의 법칙을 지킬 수 있었던 것은 어릴 때부터 꾹꾹 눌러 참는 성격 탓도 있지만, 오랜 세월 혹독한 탄압과 고통을 겪으면서 인내심이 몸에 밴 것 같다. 야당 총재 시절에도 화를 낼만한 일들이 다반사로 일어났지만 그때마다 조용히 해결하곤 했다. 청와대에 근무하는 동안에도 "대통령님께서 진노하셨다!"는 말을 들어본 적이 없었다. 물론 그도 인간이기 때문에 화를 냈겠지만, 그때도 조용히 불러 따끔하게 지적하는 스타일이다. 김대중이 워낙 화를 내지 않다보니, 오히려 그에게 야단맞은 것을 친밀감과 신뢰감의 표시로 자랑스럽게 얘기하는 사람들도 있다.

대통령이 격노하면 무엇보다 대통령 본인이 감정에 휩싸여 냉철하고 이성적인 판단을 내리지 못할 가능성이 높다. 이게 가장 무서운 현상이다. 두 번째로 참모들이 위축되어 할 말을 제대로 못하게 된다. 직언은 고사하고 정상적인 보고조차 주저하게 된다. 위축된 참모는 대통령의 격노를 서둘러 가라앉히기 위해 당이나 정부에게 분노의 목소리를 전하게 된다. 세 번째로 대통령 참모로부터 분노의 분위기를 전해 들은 당이나 정부도 위축되어 제대로 할 일을 못하게 된다. 이들은 대통령 참모의 격노를 서

둘러 가라앉히기 위해 감정적이고 강력한 방법을 동원하게 된
다. 결국 대통령의 분노 → 대통령실 참모의 분노 → 당과 정부
의 분노로 이어지는 '분노의 악순환 현상'이 일어난다. 문제는
요즘 국민들은 대통령의 분노에 꿈쩍도 하지 않는다는 점이다.
과거 권위주의 정권때는 권력자가 화를 내면 국민들이 위축되었
지만 지금은 요지부동이다. 오히려 국민이 화를 낸다. 국민이
화를 내면 대통령과 여당의 지지율이 뚝뚝 떨어진다.

　　과거 청와대 출입기자 시절의 경험에 의하면, 김영삼은 종종
화를 냈다. 화난 대통령은 당시 최고 실세였던 이원종 정무수석
에게 직통 전화를 걸어 호통을 쳤다. 직통 전화로 야단맞고 얼
굴색이 벌겋게 달아오른 이 수석이 안절부절 못하던 모습이 생
생하다. 대통령에게 야단맞은 정무수석은 출입기자들에게 짜증
섞인 반응을 나타냈고, 그것은 언론보도 과정에서 어김없이 역
효과를 불러왔다. 그러니까 대통령이 화를 내면 무조건 득보다
실이 더 많다. 다만, 대통령이 꼭 화를 내야 할 때에 내지 않으
면 그것도 문제다. 예컨대, 공직자들이 일을 게을리 하거나 부
정부패를 저질렀을 경우는 짧고 굵게 질책의 메시지를 내야 한
다. 그래야 잘못을 저지른 사람이 정신을 바짝 차리고 국민들은
대통령에게 믿음을 갖게 된다. 우리는 차기 대권주자들이 언제
어떻게 화를 내는지 유심히 살펴볼 필요가 있다. '자기 자신'을
위해서 화를 내는지, '국민'을 위해서 화를 내는지를 보면, 그들
의 품성과 자질을 알 수 있다. 지도자의 '분노 지수'는 '자질 지
수'와 같다고 보면 된다.

　　　　　　　　　　　　　　　　　지혜의 지배자 김대중

• 분노를 분출하고 해결하는 법

권력자들은 언제 어떻게 분노하는가? 그때 참모들은 어떻게 대처해야 할까? 김대중의 몇 가지 사례를 통해 답을 찾아보자.

#1. 당신의 아내가 오랫동안 억울하게 손가락질을 받았다면 어떻게 하겠는가? 임기 2년차인 1999년 5월이었다. 신동아그룹 회장의 부인이 장관과 청와대 고위층 부인들을 상대로 고가의 옷을 선물하며 로비를 벌였다는 이른바 옷로비 사건이 일파만파로 퍼졌다. 이 과정에서 이희호 여사도 고가의 밍크코트를 받았다는 의혹이 언론에 대대적으로 보도되어 영부인이 망신을 당하고 대통령은 곤혹스러운 처지에 놓였는데, 결국은 사실무근이었다. 대통령으로서는 청와대 참모들의 대응방식에 대해 화를 낼 만한 상황들이 한두가지가 아니었다. 그때 나도 청와대에서 이 사건에 대응하느라 진땀을 흘렸는데, '대통령께서 진노하셨다'는 소리를 들어보지 못했다. 나는 청와대 고위층이나 관저 비서들과 수시로 소통하기 때문에 김대중이 화를 냈다면 모를 리 없다.

#2. 충성스러운 당신의 부하들끼리 서로 치열하게 싸웠다면 당신은 어떻게 대할 것인가? 사실 역대 정부에서 대통령들이 가장 화를 낼 때는 측근들 간의 파워게임이 벌어질 때였다. 서로 충성경쟁을 하면서 상대를 모함하거나 공격하기 때문에 결국은 대통령에게 불똥이 튄다. 10.26 사태가 그랬다. 김대중의 청와대에서도 그런 상황들이 있었다. 그러나 김대중이 당사자들을 불러 크게 질책했다는 얘기를 들어보지 못했다. 소리 없이 조용히, 자연스럽게 정리했다. 좀처럼 화를 내지 않는 그가 청와대

에서 그나마 화를 냈을 때는 임기말 아들문제가 터졌을 때였다. 이 문제를 놓고 이희호 여사와 견해차가 있었고 갈등도 있었다고 한다. 사실 이 문제는 '대통령의 화'의 문제가 아니라 '가족의 슬픔'의 문제였다.

#3. 당신의 부하 직원이 하마터면 집에 불을 지를 뻔했다면 어떻게 하겠는가? 야당 총재 시절이었다. 김대중은 이틀간 지방 출장을 떠나면서 일산 아파트 사저를 지키던 비서에게 집안에 중요한 자료와 서류들이 많으니 집안 단속을 잘 하라고 각별히 당부했다.[11] 그러나 해방감에 들뜬 비서는 이 당부를 어기고 밖에서 맘껏 술을 마시고 돌아와 가스렌지에 불을 켜놓고 주전자를 올려놓은 채 잠이 들었다. 그때 지방출장이 갑자기 취소되는 바람에 되돌아온 그가 아파트 문 앞에서 초인종을 아무리 눌렀지만 반응이 없었다. 비서가 곯아떨어진 것이다. 30분 동안 초인종을 누른 후에야 문이 열렸다. 가스렌지 위의 주전자는 새까맣게 타서 불나기 일보 직전이었다. 그때 만약 김대중이 끝까지 초인종을 누르지 않고 돌아갔다면 대형 화재가 발생해 자료들은 불타고 그 비서는 목숨을 잃었을지 모른다. 화를 내기에 충분한 상황을 그는 어떻게 처리했을까? 이런 상황에서 화를 내지 않는다면 그게 오히려 이상할 지경이었다. 그러나 놀랍게도 그는 아무 말도 하지 않고 1주일이 지나서야 그 비서를 불러 말했다. "아무리 답답하다고 그렇게 정신을 못차릴 정도로 술을 마시면 되는가? 내가 밖에 나가면 아무도 없이 조용하니 책 읽기에 얼마나 좋겠나. 저 서재에 있는 책들이 다 자네 책이나 다름없지

11) 신재중, <김대중은 내 인생의 버팀목이었다>(바이북스, 2024) 참조

지혜의 지배자 김대중

않은가? 앞으로 지켜볼 테니까 시간을 소중히 생각하고 열심히 공부해야 하네!" 위험천만한 잘못을 저질렀는데도 대범하고 관대한 태도를 보여준 김대중에게 감동한 그 비서는 더욱 충성을 다해 보좌했다. 당신은 그렇게 할 수 있겠는가?

#4. 이번에는 당신이 애지중지하는 고가의 귀중품을 누군가가 박살을 냈다면 어떻게 할 것인지에 대한 문제다. 야당 총재시절 김대중의 일산 아파트에는 값비싼 고려청자 도자기가 있었다. 어느 날 아파트에 비서 한 명만 있는 상태에서 전기설비업자가 일하러 왔다가 실수로 고려청자를 방바닥에 떨어뜨려 산산조각이 났다. 그 누구라도 언성을 높일 상황에서 김대중은 어떤 반응을 보였을까? 그 비서로부터 담담하게 내막을 들은 그는 나지막한 목소리로 말했다. "항상 모든 일에 신중함이 있어야 해. 전기기술자는 자기 일만 신경쓰고 다른 일은 신경쓸 수가 없으니 우리 스스로 조심해야 해" 이후 김대중은 두 번 다시 그 고려청자 얘기를 꺼내지 않았다. 감동한 비서는 평생 그 일을 잊지 못했다. 아무리 배려심이 많은 사람일지라도 아끼던 고가의 고려청자가 허망하게 박살났는데도 태연하게 넘어갈 사람이 얼마나 될까? 차기 대권주자들 가운데 그런 넓은 마음을 가진 사람이 누가 있을까? 당신이라면 어떻게 하겠는가?

• 대통령의 스트레스 관리법

이 세상에서 대통령만큼 견디기 힘든 스트레스를 감내해야 하는 자리도 없을 것이다. 우리나라 역대 대통령들이 받은 스트레스의 양과 강도는 아마 세계에서도 손에 꼽힐 것이다. 나의 '정치적 스트레스 이론'에 의하면,12) 대통령이 스트레스를 많이 받으면 흔히 상황에서 도피해 버리는 '회피', 자기 아집을 내세우는 '독재', 상대방에게 책임을 전가하며 비난하는 '공격'의 3가지 양상으로 나타나기 때문에 국정에 부정적인 영향을 끼친다. 그래서 국가지도자는 자기 자신은 물론 국정을 위해서 스트레스를 잘 관리해야 한다. CEO들도 스트레스 관리를 제대로 하지 못하면 업무와 성과에 악영향을 미치게 된다.

김대중은 일 못지않게 스트레스 관리에도 각별히 신경을 썼다. 주로 산책, 야외 드라이브, 화초 가꾸기, 붓글씨 쓰기, 독서를 야당 시절부터 꾸준히 취미처럼 실천해왔다. 그의 스트레스 관리에서 배워야 할 점은 남는 시간에 스트레스를 해소하는 것이 아니라 바쁜 시간을 쪼개서 스트레스를 관리한다는 사실이다. 처칠 영국수상이 아무리 바빠도 매일 운동 2시간-독서 5시간의 룰을 지켰듯이 김대중도 아무리 바빠도 스크레스를 해소할 수 있는 시간과 방법은 찾았다. 말하자면 스트레스 관리도 업무의 일환으로 보았다.

역대 대통령의 스트레스 관리방식을 보면, 이승만은 낚시, 박정희는 테니스와 배드민턴, 김영삼은 조깅과 등산, 노무현은 수면, 박근혜는 명상과 요가로 스트레스를 풀었다. 박정희는 육영수 서거 이후에는 술로 스트레스를 풀다가 비극적인 상황을 맞고 말았다. 윤석열 대통령은 관저에서 키우는 11마리의 반려견, 반려묘과 어울리거나 술을 마시며 스트레스를 해소하는지 모르

---

12) 최진, <대통령리더십 총론>(법문사, 2007) 제5장 제1절 '정치적 스트레스' 참조

지혜의 지배자 김대중

겠지만, 요즘처럼 골치아픈 현안들이 산적해 있을 때는 스트레스에 대한 특별 관리가 필요하다. 정치지도자들이 각별히 조심해야 할 것은 스트레스를 풀려고 하다가 더 많은 스트레스를 받는 경우다. 차기 대권주자들도 자기만의 스트레스 해소법이 있어야 분노 상황이 닥쳐도 잘 넘길 수 있다. 여러분은 화가 나면 어떻게 표출하고, 스트레스는 또 어떻게 관리하는가?

대통령 주변의 권력투쟁 대처법

권력이 있는 곳에 반드시 살벌한 권력투쟁이 있다. 어느 정부도 예외가 없다. 현 정부도 그렇고 차기 정부도 그럴 것이다. 김대중 정부도 예외가 아니었다. 나는 김대중 정부의 청와대에 근무하면서 실세들 간에 소리 없이 전개되었던 권력 암투를 생생히 보고 겪었다. 지금 당장 현 정부가 해결해야 할 급선무 1호를 꼽는다면, 대통령과 집권당 대표 간의 갈등 해소라고 본다. 그것을 언제 어떻게 해소하느냐에 따라서 현 정부의 운명이 판가름날지 모른다. 그것은 변함없는 권력투쟁의 법칙이었다. 세상이 변해서 요즘 MZ용어로 '갑분싸'(갑자기 분위기 싸해짐)나 '엄근진'(엄청 근엄하고 진지함)의 방식으로 대응하면, 역효과나기 십상이다.

조직 내부의 권력투쟁에 대처했던 김대중의 방식은 '정중동(靜中動) 관리'였다. 결론부터 말하면, 그는 다양한 경로를 통해 권력투쟁이 벌어지고 있는지 양상을 훤히 꿰뚫고 있었지만, 내색을 하지 않고, 어느 한쪽에 힘을 실어주지 않는다. 오히려 권력투쟁을 적절히 활용해서 상호 견제와 경쟁으로 승화시킨다. 즉, 모두 껴안고 가는 '덧셈 관리법'이다. 이를 위해서는 대통령의 정치감각과 중립성이 필수적으로 요구된다. 요즘 정치인이나 CEO들에게도 요긴한 파워게임 대처법인 것 같다.

내가 직접 겪었던 김대중 청와대의 권력투쟁 사례를 말해보겠다. 언제부터인지 외부에서는 도저히 알 수 없는 청와대의 내부동향이 특정 언론에 지속적으로 보도되었다. 석달 이상 특정 언론사에만 집중적으로 보도되었고, '여권의 고위 관계자'라는 이름으로 코멘트가 자주 나갔다. 청와대 핵심부와 특정 언론사 간에 모종의 커넥션이 있다는 증거였다. 나는 극비리에 추적했다. 알고 보니 대통령이 신임하는 고위급 참모가 내부 정보를 흘렸고, 해당 기사를 쓴 기자와는 긴밀한 인간관계가 있었다. 그 고위 관계자는 청와대 내 자신의 입지를 강화하기 위해서 특정 언론사와 은밀히 거래를 해온 셈이다. 이 내용이 대통령에게 직보되었지만 별다른 조치는 없었다. 꽤 시간이 흐른 뒤에야 그는 소리 없이 교체되었다. 김대중이 측근들의 파워게임을 얼마나 신중하고 자연스럽게 처리하는지를 여실히 보여준 사례였다.

하나 더 보자. 1999년 11월 나는 청와대에서 '연말정국 종합대책'이라는 제목의 A4용지 10쪽 분량의 괴보고서를 입수했다. 이 보고서는 권노갑을 중심으로 하는 구주류를 '마피아'로 규정하며 2선 후퇴를 주장하고, 김중권 비서실장을 비롯한 신주류에 대해서도 '무임승차한 구시대 인물'로 치부했다. 그러면서 충성스러우면서도 유능한 정권창출파 인사를 우선적으로 기용해야 한다고 건의했다. 상당히 민감하고 위험스러운 보고서였다. 이런 형태의 음해성 보고나 조언은 윤석열 정부를 비롯해서 역대 정부의 청와대에서도 빈번하게 이루어졌을 것이다. 이때 대통령과 측근 참모들이 어떤 태도를 보이느냐에 따라서 여권 내부는 물론 정국 향방이 크게 달라지기도 한다. 이때 제일 중요한 것은 대통령이 냉철함을 유지해야 하고 절대 쉽게 휘둘려서는 안 된다는 점이다.[13]

야당의 운명이 대여 투쟁 여부에 달려 있다면, 집권 여당의 운명은 내부 단결 여부에 달려 있다. 지금 집권 여당의 현주소는 어떤가? 국정 지지율이 낮은 상태에서 야당의 전방위 공세가 계속되고 여당이 분열하면 대통령은 사면초가에 빠지게 된다. 특히 차기 대권주자들은 갈수록 차별화의 목소리를 높여갈 것이다. 여권이 가장 경계해야 할 것은 '외부의 적'이 아니라 '내부의 적'이다. 아무리 강해도 내부가 분열하면 속수무책으로 무너진다. 반대로 아무리 힘들어도 내부가 똘똘 뭉치면 어떤 난관도 헤쳐나갈 수 있다. 기업이나 회사도 똑같은 이치다. 그런 점에서 김대중이 권력투쟁을 관리했던 '정중동 방식'은 요즘 우리 정치에 적용하면 좋을 것이다.

---

13) 최진,<참모론>(2009, 법문사), <레임덕 현장의 이론과 실제>(2012, 법문사) 참조

김대중의 용인술, 그리고 참모의 아부

미국의 트럼프 2기 정부에서 새로운 인사실험이 펼쳐지고 있다. 최초의 여성 백악관 비서실장을 비롯해 40대의 소령 출신 국방장관도 나왔다. 어느 나라나 인사는 만사(萬事)인 동시에 망사(亡事)이기도 했다. 안타깝게도 우리 역대정부는 코드 인사, 낙하산 인사, 회전문 인사가 인사의 3대 원칙이 되어버렸다. 그래서 김대중의 통합인사는 더욱 돋보인다. 여기서는 그가 사람을 어떻게 다루고 쓰는지의 용인술에 초점을 맞추고자 한다. 이 글을 읽으면서 차기 대권주자들 가운데 누가 가장 인사를 잘할 수 있을 것인지, 그들 곁에는 누가 있는지를 생각해보자. CEO의 용인술도 회사와 직원, 그리고 매출에 직접적인 영향을 미친다.

김대중 용인술의 키워드는 '철저한 역할분담'이다. 그는 사람들마다 가진 특징을 파악해서 거기에 맞는 역할과 임무를 부여했다. 즉, 누구나 하나씩 갖고있는 '달란트'를 찾아내 그것을 적재적소에 활용하는 실용주의적인 용인술을 구사했다. 이는 과거 박정희가 효율적인 권력유지를 위해 구사했던 이른바 디바이드 앤 룰(Divid and Rule), 즉 분할통치방식과 일맥 상통한다. 김대중은 동교동계 사람들에게도 똑같은 방법을 적용했다. 예컨대, 동교동계 직계 3인방으로 불리는 권노갑-한화갑-김옥두 세 사람은 오랜 세월 동안 민주화운동을 함께 해왔지만 각자의 역할과 임무는 확연히 달랐다. 아울러 범동교동계의 3인방이라고 할 수 있는 김상현-한광옥-정대철 세 사람도 각자의 역할과 임무

지혜의 지배자 김대중

가 달랐다. 이들을 비롯한 수많은 사람들이 각자의 특색에 맞는 일을 해나갔다. 당시만 해도 정당시스템이 허술한 상태에서 김대중은 동교동계와 지지그룹이 가진 장점을 발견하고 극대화하는 '맨투맨 용인술'을 절묘하게 구사했다. 이러한 인사 방식은 이미 기업이나 회사에서도 널리 활용되고 있다고 본다.

"나쁜 벗은 스스로 찾아오지만 좋은 벗은 내가 먼저 찾아가서 사귀어야 한다" 이 말은 필요한 사람은 적극적으로 찾아가서 내 사람으로 만들어야 한다는 DJ의 인사 철학이다. 김대중은 새롭고 참신한 인재를 끊임없이 발굴하려고 했고, 그런 사람이 눈에 띄면 즉시 연락을 취해서 만났다. 요즘 민주당에서 맹활약을 하고 있는 중진 정치인 중에는 김대중이 30여 년 전에 발굴한 사람들이 많다. 김대중은 인재를 판단할 때 절대 '경력이 좋은 사람'과 '그렇지 않은 사람'으로 구분하지 않는다. 그렇다고 '유능한 사람'과 '무능한 사람'으로 구분하지도 않는다. 그 기준이 애매하고 주관적일 뿐 아니라 누구나 장점이 있기 때문이다. 그가 가장 중시했던 판단 기준은 '부지런한 사람'과 '게으른 사람'이었다. 야당 시절 경력도 화려하고 실력도 좋았지만 틈만 나면 바둑을 두고 고스톱을 치던 국회의원들이 김대중에게 찍혀 공천에서 몽땅 탈락했다는 이야기는 유명하다. 또 다른 기준을 추가한다면, '정직한 사람'과 '부정직한 사람'의 구분이다. 실수를 하는 것은 몇 번이라도 용서하지만 거짓말을 하다가 들키면, 다시 신뢰를 회복하기 힘들다. 요컨대, 김대중 곁에서는 경력과 능력이 다소 부족하더라도 부지런하고 정직하면 성공할 수 있다. CEO들도 능력은 있지만 믿을 수 없는 직원보다 능력은 좀 부족해도 믿을 수 있는 직원을 더 선호하리라고 본다.

가까운 사람일수록 멀리 하라는 권력의 법칙이 있다. 대통령의 일정을 담당하는 제1부속실, 영부인을 담당하는 제2부속실, 대통령 부부가 사는 관저, 의전비서실, 총무비서실은 주로 '사적인 업무'를 많이 다루는 곳에는 보통 대통령과 가까운 사람을 배치한다. 그러나 김대중은 가까운 사람들을 가급적 배제시켰다. 대신 동교동계와는 다소 거리가 있는 사람이나 전문가, 공무원 출신을 배치시켰다. 동교동 사람들과 가까운 사람들을 배치할 경우 수많은 민원이 오고가고 자칫 불미스러운 일이 일어날 수 있는 여지를 사전에 차단한 것이다. 요즘 대통령실에 꼭 필요한 용인술이 아닐 수 없다.

김대중 정부에서 가장 잘 나갔던 사람을 한 명만 꼽는다면, 단연 박지원 비서실장이다. 그는 야당시절부터 특유의 정무감각과 부지런함으로 김대중의 신임을 듬뿍 받고 승승장구했다. 덕분에 국민의 정부 5년 동안 청와대 공보수석-문화관광부장관-정책기획수석-정책특보-비서실장 5개의 요직의 거치며 국민의 정부 최고 실세로 자리잡았다. 그는 문재인 정부에서도 국정원장을 지내고 2024년 현재 81세의 나이에도 불구하고 5선 국회의원으로 왕성한 의정활동을 펼치고 있다. 김대중 대통령이 수십 년간 생사고락을 함께 해왔던 기라성 같은 동교동계의 백전노장들을 제치고 박지원을 계속 총애한 데에는 '정치심리학적 요인'도 작용했다고 본다. 일반적으로 권력을 잡기 전인 민주화 투쟁기에는 '정치적 동지애'(political friendship)를 우선시하지

지혜의 지배자 김대중

만, 권력을 잡은 후 안정기에는 성격유형에 의한 '리더십의 적합성'(proper leadership)을 더 중시하는 경향이 있다. 즉, 집권 전에는 정치적 활동을 함께 해온 '정치적 동지'를 선호하지만 집권 후에는 정서적 교류가 잘 되는 '심리적 동지'를 더 선호하게 된다. 요컨대, 김대중과 박지원은 '심리적 궁합'이 잘 맞았다. 이는 권력자 심리의 중요한 포인트다.

역대 대통령 중에서 김대중만큼 용인술을 발휘하기 힘든 환경을 가졌던 사람도 없을 것이다. 무엇보다 DJP 공동정부여서 총리와 장관 등 정부 주요 인사의 절반이 김종필의 보수진영 몫이었다. 게다가 수십 년 만에 수평적 정권교체를 이루었다는 꿈에 부풀어 청와대와 정부 참여를 희망하는 사람들이 줄을 이었다. 설상가상으로 초유의 IMF 사태가 온 나라를 덮쳐 도무지 정상적인 인사를 단행하기 어려운 상황이었다. 이런 열악한 상황에서 '권력의 빅3'라고 할 수 있는 총리와 비서실장, 국정원장을 모두 보수진영 사람에게 넘겨주었다. 이는 통합인사를 넘어선 통 큰 용인술이었다. 역대 대통령들을 보면, 어려움에 처할수록 자기 사람들을 전진 배치해 울타리를 치려고 하지만, 실제로는 자신이 울타리에 갇히게 된다. 궁지에 몰릴수록 오히려 통합인사를 해야 우군을 확대하고 지지자층을 넓힐 수 있다는 점을 깊이 인식해야 한다.

가장 나쁜 인사는 어떤 인사일까? 정실 인사, 낙하산 인사나 회전문 인사보다 훨씬 더 나쁜 인사는 이념적 '코드 인사'다. 왜냐하면 나라를 두 쪽으로 쪼개고, 국민을 두 쪽으로 쪼개고, 이념을 두 쪽으로 쪼개기 때문이다. 앞으로 보수든 진보든 이념적 양극단주의는 국민에게 엄정한 심판을 받아야 하고 또 받을 것이다. 그런 점에서 김대중의 파격적인 통합정치와 용인술은 높이 평가받을만하다.

• 아부의 기술, 직언의 기술

이 세상에 허구한 날 쓴소리를 하는 사람을 좋아하는 권력자는 없다. 동시에 아부를 적절하게 잘하는 사람을 싫어하는 권력자도 없다. 내가 여러 명의 대통령들과 수많은 정치인들을 만나면서 내린 결론이다. 어느 누가 힘들 때 쓴소리만 하는 사람을 좋아하겠으며, 어느 누가 입에서 살살 녹는 아부를 해주는 사람을 싫어하겠는가? 김대중도 예외가 아니었다. 그도 인간이기에 쓴소리를 싫어하고 아부를 좋아했다. 그러나 절대 내색하지 않았다. 쓴소리를 하는 사람을 노골적으로 싫어하지도 않았고, 아부를 하는 사람을 노골적으로 좋아하지도 않았다. 그저 말없이 그들을 평가하고 역할을 부여할 뿐이다. 직언파와 아부꾼에 대한 절묘한 용인술이었다.

누가 아부꾼인지를 알아차리면 별 문제가 없지만 알아차리지 못하면 문제는 심각해진다. 아부꾼들은 특유의 처세술로 자신을 충성파로 위장하고 호가호위하기 때문에, 지도자가 정신을 바짝 차리지 않으면 그들을 가려내기가 쉽지 않다. 자고로 문고리, 십상시, 내시로 불리우는 간신들은 충신들을 끊임없이 모함하고 제거하려고 한다는 점에서 더욱 위험하다. 그래서 지금 우리에게 절실한 것은 '아부의 기술'이 아니라 '직언의 기술'이다. 참모들은 대통령에게 직언을 할 때는 적당한 아부와 병행하는 것이 효과적이다. 서두부터 다짜고짜 직언을 시작할 것이 아니라 먼저 칭찬을 적당히 한 다음에 "그러나 보완해야 할 것은…" "그래도 꼭 필요한 것은…"이라고 들어가야 권력자가 직언을 받아들이기 쉽다. 그것도 뻔한 직언이 아니라 합리적인 대안이 있는 직언이어야 한다. 따라서 권력자에게 직언을 하려면 철저한 사전 준비가 필요하다. 어설픈 직언은 오히려 역효과를 낼 수 있다. 특히 김대중과 같은 정치 9단에게 직언을 하려면, 얼마나 많은 준비와 노력이 필요하겠는가? 아무튼 여야 불문하고 '직언'이 어느 때보다 절실히 필요한 것만은 분명하다.

정책 & 기획으로 도배되는 대통령비서실[14]

누가 뭐래도 대통령실(청와대)은 국정운영의 최고 콘트롤타워이고 또 그래야만 성공한 정부가 될 수 있다. 국정을 제맘대로 콘트롤한다는 뜻이 아니라 콘트롤할만한 능력을 가진 참모들의 씽크탱크여야 한다는 뜻이다. 역대 정부를 보면, 대통령실이 무능하고 흔들려서 성공했던 정부는 없었다. 그렇다면 지금 정부는 어떤가?

대통령실(청와대)이 국정 콘트롤 능력을 제대로 갖추려면, 정책능력과 기획능력은 필수조건이다. 그것들 없이 뭔가를 잘 해

---

14) 최진, <참모론>(법문사, 2009) 참조

보려고 한다면 어불성설이다.

지금 윤석열 정부가 야심차게 추진해온 연금-의료-교육-노동의 4대 개혁을 성공적으로 이루기 위해서도 정부 차원의 정책능력과 기획능력이 필수적이다. 부동산정책이나 에너지 정책, 복지정책을 비롯해서 모든 정책들이 그렇다. 그런 점에서 김대중 정부만큼 '정책'과 '기획'이라는 용어를 도배질하다시피 자주, 많이 사용한 정부도 없을 것이다. 청와대와 정부 조직 가운데 정책과 기획이라는 용어가 들어간 곳이 부지기수였다. 내가 청와대에서 근무했던 부서도 '정책기획수석실'이었고, 소관 비서실도 '정책비서실'이었다. 이외에도 많다. 이게 무엇을 의미할까? 김대중 대통령은 국정운영의 모든 영역에서 정책과 기획을 가장, 그리고 특별하게 중시했다는 의미가 아니겠는가?

지금 윤석열 정부의 용산 대통령실에서 실세 수석실은 어디인가? 정무수석실? 경제수석실? 김대중 정부에서 '청와대 속의 청와대'는 정책기획수석실이었다. 여기서 임기 5년 동안 무려 8명의 수석비서관이 거쳐갔다. 수석 1명당 평균 6개월 남짓 재직한 셈이다. 요직에 있는 사람을 쉽게 바꾸지 않는 DJ의 평소 인사스타일로 볼 때 이례적이다. 이들의 면면을 보면, 한결같이 정치-공직-학계에서 당대의 최고 전문가들이었다. 초대 강봉균 → 김태동 → 김한길 → 김성재 → 박지원 → 한덕수 → 김진표 → 최종찬 등 8명이 바통을 이어갔다. 이들은 20년이 훨씬 지난 2024년 현재 박지원은 5선 의원, 한덕수는 국무총리, 김진표는 직전 국회의장, 김한길은 국민통합위원장으로 일선에서 맹활약하고 있다. 돌이켜 보면, 8명의 정책기획수석은 그때 해당 분야

지혜의 지배자 김대중

에서 '일'을 했다기보다는 '설계'를 했던 것 같다. 설계는 곧 정책기획이다. 덕분에 중장기적인 정책 기반이 마련되었고, 이 과정에서 정책적 노하우를 익힌 덕분에 계속 승승장구했던 게 아닐까? 김대중 정부에서 최고 실세였던 박지원이 '정책기획수석'과 '정책특보'를 잇따라 맡았던 것도 우연이 아니었다고 본다.

김대중 정부의 청와대에는 정책기획수석실 소속의 '정책비서실', '기획조정비서실', '행사기획비서실' 등이 있었고, 다른 수석실 휘하에도 '정무기획비서실'과 '홍보기획비서실' 같은 기획파트가 여러 개 있었다. 김대중 정부 때 가장 중요한 자문역할을 수행했던 대통령 자문기구도 '정책'과 '기획'이라는 용어가 들어간 '정책기획위원회'였다. 여기에는 한상진 서울대 교수(위원장)를 비롯해 안철수, 강금실, 이종석, 김대환 등 각 분야별 최고의 학자-전문가 20여 명이 참여했는데, 이들의 상당수가 노무현 정부에서 장관을 지내거나 국회의원이 되었다. 당시 이 자문기구의 실무책임을 맡았던 나는 정치-경제-사회 전 분야에 걸친 정책보고서를 대통령에게 수시로 보고했던 기억이 난다. 이 외에도 김대중 정부에서 이루어진 회의, 모임, 행사에는 '정책'이나 '기획'이라는 단어가 들어간 것들이 유난히 많았다. 앞에서 김대중 대통령은 행정가형 리더십과 과업지향적 리더십을 가진 지도자라고 했는데, 이런 리더십의 지도자는 논리적·체계적인 성격이어서 '비생산적인 정치'보다 '생산적인 정책'을 중시하는 경향이 강하다. 이런 스타일은 박정희 대통령의 국정운영방식도 비슷하다.

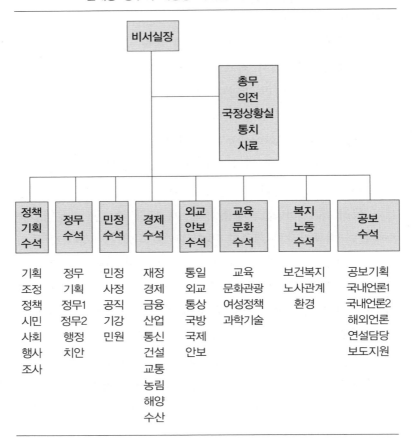

김대중 정부의 대통령 비서실 직제(2002년 12월)

- 비서실장
  - 총무
    의전
    국정상황실
    통치
    사료
  - 정책
    기획
    수석
    - 기획
      조정
      정책
      시민
      사회
      행사
      조사
  - 정무
    수석
    - 정무
      기획
      정무1
      정무2
      행정
      치안
  - 민정
    수석
    - 민정
      사정
      공직
      기강
      민원
  - 경제
    수석
    - 재정
      경제
      금융
      산업
      통신
      건설
      교통
      농림
      해양
      수산
  - 외교
    안보
    수석
    - 통일
      외교
      통상
      국방
      국제
      안보
  - 교육
    문화
    수석
    - 교육
      문화관광
      여성정책
      과학기술
  - 복지
    노동
    수석
    - 보건복지
      노사관계
      환경
  - 공보
    수석
    - 공보기획
      국내언론1
      국내언론2
      해외언론
      연설담당
      보도지원

　　김대중은, 전임 김영삼 전 대통령이 청와대를 정치개혁의 산
실로 만들었던 것과는 달리 '정책기획의 산실'로 만들었다.
1998년 2월에 취임하자마자 청와대 수석비서관들과의 첫 회의
에서 "국사(國事)는 국무회의에서 다루고 청와대는 정책을 논
의해야 한다"고 강조했다. 이 말은 청와대가 '정책과 기획의 콘
트롤타워'가 되어야 한다는 뜻이다. 이런 방침에 따라서 정책기

　　　　　　　　　　　　　지혜의 지배자 김대중

획수석실을 선임 수석실로 격상시키고 업무영역도 크게 확장시켰다. 전임 김영삼 정부 시절 정책기획수석실이 정책 1·2·3비서실로 이루어진 것을 더욱 확대하여 기획조정비서실-정책비서실-행사조사비서실-시민사회비서실의 4개 비서실로 늘리고 최고 엘리트들을 배치시켰다. 당시 이곳에서 정책기획 분야 실무를 보았던 최상목 행정관은 세월이 흘러 2024년 현재 윤석열 정부의 경제사령탑인 부총리 겸 기획재정부 장관으로 중책을 맡고 있다.

당시 정책기획수석실은 정책관련업무(정책비서실) 외에도 대통령홍보와 여론조사(국정홍보비서실), 대통령 행사와 일정(행사기획비서실), 재야·시민단체관련업무(시민사회비서실)까지 맡아 명실상부한 '왕(王)수석실'로 통했다. 정권이 바뀔 때마다 청와대의 어느 수석실이 실세 부서냐가 그 대통령의 관심사와 시대상을 반영한다. 박정희 대통령 때는 '경제관련 수석실'이, 노태우 대통령 때는 외교관련 수석실이, 김영삼 대통령 때는 '정무관련 수석실'이 각각 '왕 수석실'로 중심역할을 수행했다. 그러나 윤석열 정부에서는 어느 수석실이 중심적 역할을 하고 있는지 알 수 없다.

현 정부의 정무수석실은 어떤 임무를 수행하고 있을까? 과거 김대중은 청와대 정무수석실을 아예 폐지하는 방안까지 검토하다가 존치시키되 정무기능을 대폭 축소하기로 했다. 청와대의 정무기능이 강화되면, 정책기능이 약화될 수 있다고 보았기 때문이다. 역대 대통령들이 한결같이 청와대의 정무기능을 강화하는 방향으로 갔는데 김대중은 반대로 약화시키는 방향으로 간 것이다. 그는 기존의 '실세형 정무수석실'을 '기획형 정무수석실'로 바꾸고, 조직도 대폭 축소시켰으며, 기존의 여야 정당과 국회업무는 최소화하고, 기획분야에 주력토록 했다.

국민의 정부 청와대에서 또 하나 독특한 현상은 행정관들의 약진이었다. 과거 정부 청와대에서는 수석비서관이나 비서관급 정도는 되어야 파워그룹이라고 했는데 김대중 정부 들어 실무를 담당하는 행정관들이 영향력과 위상을 확보했다. 이러한 행정관 파워현상은 노무현 정부와 문재인 정부, 윤석열 정부를 거치며 더욱 확대되고 일반화되었다. 아마 화려한 경력보다 패기만만한 열정과 참신함이 더 중요해진 시대흐름과도 무관치 않아 보인다. 김대중 대통령은 청와대 참모진을 구성할 때 대선 공신, 전문가 그룹과 관료 출신들의 균형배치에 최대한 신경을 기울였다. 동교동계 출신, 대선 때 기여한 참모들을 최소한 기용하되, 나머지 4분 3가량을 외부 전문가들과 공무원들로 채웠다. 이는 역대 정부의 대통령실이 정치성향이 강한 충성파 참모들을 대거 포진시킨 것과는 대조된다.

모든 정부 그리고 기업이나 회사도 유념하기 바란다. 권력자 주변에서 '문고리 집사', '비선라인', '십상시' 같은 말이 나오면, 그때부터 쇄락의 길로 접어들었다고 보면 된다. 특히 대통령비서실은 대통령 비서들의 집단이 아니라, 대한민국 최고 프로들의 집단이어야 한다. 그래야 정책과 민생기능이 정상 작동되고, 대통령의 국정운영능력이 강화되어 국민적 지지도도 올라간다.

지혜의 지배자 김대중

이건 영원불변한 대통령실의 성공법칙이다. 이는 국내외 대통령실을 분석한 책 〈참모론〉을 쓰면서 더욱 확신하게 되었다. 대통령실(청와대)이 유능하고 바로 서야 대통령이 바로 서고 나라가 바로 선다는 것을 김대중 청와대가 여실히 보여주었다.

남북관계와 외교안보의 틀, 햇볕정책

무대뽀 탱크 스타일은 트럼프 2기 정부가 앞으로 우리 정부를 거세게 압박할 것이 분명하다. 한·미·일·중·러 5국 관계는 어디로 흘러갈지 예측불허다. 북한 김정은은 쓰레기풍선을 날려보내며 금방이라도 군사적 도발을 할 기세다. 김대중이라면 어떻게 대처할까? 러시아와 우크라이나의 전쟁은 멈출 줄 모르고, 이스라엘-하마스 전쟁도 확전 일로다. 갈수록 위태위태한 국내외 외교안보 정세에 대한 김대중의 기본틀을 한마디로 정리한다면 전방위햇볕정책이다. 흔히 햇볕정책 하면 곧 대북 유화정책이라고 알려져 있지만, 실제로는 확고하고도 폭넓은 대외정책이다.

여러분은 햇볕정책의 3대 원칙을 아는가? 첫째, 북측의 무력도발을 허용하지 않는다. 둘째, 남측은 흡수 통일을 시도하지 않는다. 셋째, 남측은 화해와 협력을 추진한다. 위의 세 가지 중에서 셋째 항목인 '화해와 협력' 부분이 지나치게 부각되다 보니 햇볕정책이 마치 줏대 없이 굽신거리거나 마냥 퍼주기로 오해되고 있다. 실제로는 첫 번째 항목인 '무력도발 절대 불가'에 대해서도 과감하고 단호하게 실행했다는 사실은 모르는 사람들이 의외로 많다. 즉, 정주영 현대그룹 명예회장이 500마리의 소떼를 몰고 판문점을 넘어 북으로 향하기도 했지만, 북한 간첩선과 잠수정의 침투나 연평해전 때는 가차 없이 무력대응했다. 김대중은 1998년 7월 고려대 강연에서 "햇볕정책은 유화정책이 아니며, 북한의 무력도발을 절대 용납하지 않으면서 화해 협력의 길로 가는 것"이라고 분명히 밝혔다. 그러면서 햇볕정책은 북한의 강경파들에게는 가장 고통스러운 정책이라고 강조했다. 지식백과사전도 햇볕정책에 대해 '대북정책의 3대 원칙 아래 안보를 튼튼히 하면서 화해-협력을 적극 추진하여 남북관계를 개선해 나가는 정책, 즉 북한이 스스로 변화하도록 유도하는 정책'이라며 '단순한 유화정책이나 시해정책이 아니라 강자만이 선택할 수 있는 여유 있는 정책, 적극적인 개입정책'이라고 규정하고 있다. 이러한 햇볕정책이 차기 정부로 넘어가면서 원래의 취지가 갈수록 퇴색된 것으로 보인다.

그렇다면 윤석열 정부를 비롯한 모든 정부들이 앞으로 햇볕정책에서 취해야 할 3가지 교훈이 있다면 무엇일까? 첫 번째로 '주체성'이다. 남북관계든 대외정책이든 우리 정부가 주도적으로 선택하고 결정한다는 것이다. 우리 정부가 북한이나 중국의 눈치를 살피거나 휘둘리는 것은 결코 바람직하지 못하다. 미국에 대해서도 마찬가지다. 트럼프 2기 정부의 입김이 아무리 거세도 끌려다녀서는 안 된다. 끌려다니지 않기 위해서는 3단계 통일방안과 같은 우리만의 확실하고 구체적인 대북정책이 있어야 한

지혜의 지배자 김대중

다. 그런 점에서 김대중의 햇볕정책은 주체성이 확실하다. 두 번째는 '강온 양면전략'이다. 우리는 북한이나 중국에 대해 너무 강하게 대처해도, 너무 유화적으로 대처해도 안 된다. 보수정부든 진보정부든 대외정책에 있어서 어느 한쪽으로 지나치게 치우치면 안 된다는 것이다. 상황에 따라서 때로는 강하게, 때로는 부드럽게 대하는 것이 햇볕정책의 기본틀이다. 세 번째는 '확고한 자유민주주의적 신념'이다. 누가 뭐래도 우리의 우방은 미국을 비롯한 자유민주주의 진영이다. 김대중은 진보 정치인이지만 재임 5년 동안 미국과 갈등을 빚거나 충돌한 적이 없었고, 일본에 대해서도 대중문화 개방을 비롯하여 과거 어느 때보다 우호적인 관계를 유지했다. 결론적으로 김대중은 북한이나 미국, 일본, 중국, 러시아에 대해 철저하게 실용적인 접근방식을 택하되, 자유민주주의라는 기둥은 한치 흔들림이 없었다. 이런 햇볕정책이라면 어느 정부에게도 필요하지 않겠는가?

우리는 남북관계와 대외정책에 있어서 철저하게 국익 중심-국민 중심의 실용주의로 나아가야 한다. 이념성을 과도하게 내세우거나 어느 한쪽으로 치우치는 것은 절대 바람직하지 않다. 햇볕정책을 정확히 파악하지 못해 퍼주기나 진보적인 정책으로만 폄하하지 말고, 장점을 취해서 잘 활용하면 된다. 우리 차기 대권주자들은 위태로운 남북관계와 국제정세를 헤쳐나갈 어떤 방법을 갖고 있는지 궁금하다.

가장 든든한 권력기반은 시민단체(NGO)

지금 현 정부를 뒷받침해주고 있는 가장 든든한 권력기반은 무엇인가? 그것은 그 정부의 정체성과 직결된다. 김대중 정부를 가장 든든하게 뒷받침해준 권력기반을 하나만 고른다면, 시민사회단체였다. 헌정 이래 김대중 정부만큼 시민사회단체의 전폭적인 지지를 받은 정부도 드물 것이다. 당시 국내외에서는 NGO(비정부기구)와 거버넌스(Governance)라는 용어가 널리 퍼져 있었다. 특히 김대중 정부의 진보적인 시민사회단체 출신 인사들은 청와대와 정부, 공공기관 곳곳에 포진되었고 특히 16대 총선에서 맹위를 떨쳤다. 지금 윤석열 정부와 차기 대권주자들은 시민사회단체와 NGO에 대해 어떻게 생각하고, 어떤 관계를 맺고 있는지 궁금하다.

당신은 기억하는가? 2000년 4월에 실시된 제16대 총선에서 시민사회단체들이 대대적인 낙천(落薦)−낙선(落選)운동을 전개했다.[15] 전국의 시민사회단체들로 구성된 '총선시민연대'는 전국 6개 대도시에서 일제히 장외집회를 열어 '국민주권 선언의 날'을 선포하고 낙천−낙선자 명단을 발표하였다. 시민연대는 유세장 방문, 가두연설, 자전거 행진, 문화행사 등을 전개하여 사실상 김대중 정부를 지원했다. 결국 전체 낙선대상자 86명 가운데 68.6%인 59명이 낙선했고, 수도권에서는 낙선대상자 20명 중 19명이 낙선했다. 충청권은 87%, 호남권은 75%, 영남권은

---

15) 최진, <대통령리더십>(2003, 나남) 김대중편 참조

지혜의 지배자 김대중

45.2%를 낙선시키는 개가를 올렸다. 시민사회의 엄청난 파워를 유감없이 보여준 선거였다. 지금 이런 일은 불가능하다.

현 정부는 시민사회단체에 대해 어떤 입장을 갖고 있는가? 제 1야당인 민주당은 또 어떤 감정을 갖고 있는가? 김대중은 어느 누구보다 강한 애정과 동지애를 가졌다. 1998년 1월 당선자 시절부터 경실련, 흥사단, 한국 YMCA 전국연맹 등 70여 개 단체 대표들을 초청한 자리에서 "시민단체 여러분들의 성원으로 50년 만에 최초로 여야 간 정권교체를 이루었다"면서 아낌없는 협력과 지지를 요청했고, 참석자들도 적극 돕겠다고 화답했다. 김대중 정부는 과거 어느 정부 때보다 적극적으로 시민사회단체를 지원했고, 시민단체들은 '민주개혁국민연대', '민족화해협력범국민협의회', '제2건국위원회' 같은 친정부적인 NGO를 조직해 김대중 정부를 뒷받침했다. 사실 민주국가에서 시민단체가 중요한 권력기반인 경우가 많다. 미국 백악관은 각종 사회단체의 지지를 유도하기 위해 백악관 간담회, 각료 임명 등 다양한 방법을 동원하고, 농무부, 상무부, 노동부, 내무부 등에 시민운동가 출신 장관이나 부(副)장관을 임명하기도 한다. 김대중 정부는 청와대와 정부 요직에 시민운동가 출신들을 상당수 발탁했다. 예컨대 청와대의 정책기획수석, 민정수석, 문광부장관, 농림부장관, 새마을운동중앙협의회장 등도 시민단체 출신이었다. 당시 국민의 정부에서 일했던 재야−시민단체 출신들은 노무현 정부를 거쳐 문재인 정부에서 중진 정치인이 되었다.

김대중이 특별히 NGO를 좋아하는 이유는 그의 리더십 유형

과도 직결된다. 예컨대 김대중과 같은 행정가형 지도와 과업지
향형 지도자는 기성 정치권에 대한 불신으로 제3의 정치적 대안
세력을 모색하려는 경향이 강하다. 즉, 민주화, 기득권에 대한
저항, 개혁성을 추구하는 시민사회단체의 속성이 그가 지닌 리
더십과 비슷하다. 이런 리더십을 하우스(House)같은 학자는 '참
여적 리더십'(participative leadership)이라고 정의했다. 어쨌든
국민의 정부 출범과 함께 시민단체는 급성장해 '제5의 권부'로
불릴 정도로 막강한 영향력을 발휘했다. 다만, 시민사회단체의
정치적 활동이 정파적-이념적 중립성을 어느 정도 유지하고,
그와 관련하여 국민들로부터 어떤 평가를 받았느냐는 중요하다.
김대중 정부에서 시민사회단체들은 정치적-사회적 도덕성과 대
의명분을 확보하고 있었기 때문에 국민들로부터 높은 지지를 받
을 수 있었다. 그러나 언제부터인지 시민사회단체들은 정차성과
이념성에 지나치게 휘둘리고 도덕성마저 흔들리면서 공신력을
잃어갔다.

차기 대선에서는 중도적 성향의 시민사회단체들이 목소리를
높여야 한다. 지금 이대로 이념적 양극단 정치가 지속되면 큰일
난다는 국민적 위기감이 점증하고 있기 때문이다. 언제부터인가
우리 곁에서 NGO라는 말 자체가 사라져버렸다. 시민단체들은
보수와 진보로 확연히 갈라져 오히려 양극단 정치를 심화시키고
있다는 말까지 나온다. 원래 NGO의 3대 특징은 공익성과 순수
성, 운동성이었다. 즉, 민간인들이 공익을 위해 순수한 마음으
로 소외계층을 위해 일하는 것이 시민단체의 주된 역할이었는
데, 이제는 옛날 얘기가 되어 버렸다. 건강하고 중도적인 사회

지혜의 지배자 김대중

단체의 출현이 기다려진다.

영부인 이희호 여사의 내조방식과 역할

급기야 '영부인의 악마화'라는 표현까지 등장했다. 대통령의 부인, 즉 영부인 문제가 간혹 논란이 된 적은 있었지만, 요즘처럼 정치 전면에 떠올라 모든 이슈를 집어삼킨 적은 없었다. 또한 전·현직 대통령의 영부인과 제1야당 대표의 부인 세 사람이 한꺼번에 논란에 휩싸인 적도 없었다. 이제 영부인에 대한 정치적-법적-제도적 장치를 확실하게 마련해야 할 때가 왔다. 차제에 차기 대권주자들의 부인들도 과연 올바른 내조방식이 무엇인지 생각해보는 계기가 되기를 바란다. 아울러 CEO의 아내들도 자신의 내조방식에 대해 한 번쯤 되돌아보면 좋겠다.

그동안 말도 많고 탈도 많았던 트럼프 대통령이 당선되면서 24살 연하 아내인 멜라니아 트럼프 여사의 '은둔형 내조'가 새롭게 조명을 받고 있다. 트럼프 2기 정부에서는 멜라니아 여사가 보다 적극적인 내조에 나설 것으로 보인다.

만약 김대중이 아내 이희호 여사 문제로 정치적 논란에 휩싸인다면 어떻게 대처할까? 이에 대한 해답을 얻기 위해서는 김대중의 부부철학과 부인 이희호 여사의 내조방식을 살펴볼 필요가 있다. 먼저 그녀의 내조방식은 정중동(靜中動) 스타일이다. 엘리트 사회운동가 출신으로 역대 영부인 가운데 '학력이 가장 좋은 영부인'이자 '정책능력이 가장 뛰어난 영부인'이라고 할 수 있는 이희호 여사는 정책적인 영향력을 많이 발휘했지만, 철저한 자기관리 덕분에 정치적 논란이 된 적은 전무하다시피했다. 흔히 그녀의 내조방식을 '적극적 내조형', '활발한 내조형', '정치적 동반자형' 등으로 표현하는데, 이 세 가지를 절충한 '조용한 정책적 내조형'이라는 표현이 가장 적합하다고 본다.

이희호 여사는 어떤 사람인가? 1922년생으로 김대중 대통령보다 두 살 연상이다. 서울의 부잣집딸로 태어나 이화여고를 나와 이화여대를 다녔지만 해방정국으로 졸업을 못하고 1946년 서울대학교 사범대학(영문학)에 다시 입학해 졸업했다. 6.25 전쟁 후 1954년 미국 유학길에 올라 램버스대에서 사회학 학사를 취득하고, 스카릿대학원에서 '흑인 차별'에 관한 논문으로 석사학위를 받았다. 1958년에 귀국하여 시민운동을 하다가 1962년 김대중과 결혼했다. 당시 이 여사의 학벌(이화여대 중퇴-서울대 졸업-미국 학사-석사 학위)은 대한민국에서 손에 꼽을 정도였다. 이 여사는 대학 시절부터 학교 간부활동을 했고, 졸업 후에는 대한여자청년단, 여성문제연구원 등 여러 시민사회단체에서 왕성하게 활동해 정책 분야에 밝았다. 김대중 정부 출범 이후에는 여성부 신설 등 여성정책 전반에 걸쳐 막후 역할을 한 것으로 알려져 있지만, 구체적인 내용이 언론에 공개된 적은 없었다. 그만큼 조심스럽게 처신했다는 뜻이다. 한국정서상 영부인이 국민들에게 도움이 되는 정책활동을 할지라도 너무 전면에 나서면 국민들은 거부감을 갖게 되고 정치개입론설이 확산될 수 있다.

지혜의 지배자 김대중

이희호 여사의 정책적 내조가 5년 동안 원만하게 이루어질 수 있었던 이면에는 김대중의 '배우자 철학'이 있었다. 김대중은 평소 부부관계에 대해 '사랑' 못지 않게 '평등'과 '존경'을 중시했다. 1960년대 중반부터 동교동 사저 대문에 부부 이름을 나란히 적은 문패를 걸어놓았을 정도로 두 사람은 평등의식이 강하다. 김대중은 "부부 간에는 사랑 못지않게 존경하는 마음이 중요하다"면서 "배우자가 아무리 사랑스러워도 인격적으로 존경받는 행동을 해야 하고 농담을 할 때도 서로 장점을 거론하고 칭찬해야 한다"고 말했다. 그러면서 부부가 서로 간섭하거나 지시하는 듯한 태도를 취해서도 안 되고, 조언을 할 때는 간접적인 암시 방식을 취해야 한다고 강조했다. 이는 두 사람이 청와대 관저에서 어떤 식으로 대화하고 의견을 주고받았는지 짐작케 하는 대목이다. 김대중은 이외에도 부부관계에 대한 어록들을 많이 남겼다. "세상에 완벽한 남편은 존재하지 않는다. 사랑하는 두 사람이 서로의 모습을 어떻게 만들어가느냐가 가장 중요하다" "성공적인 부부생활에는 기준이 필요하다. 절대로 상대방에게 상처 주는 말을 해서는 안 된다" 마치 부부 행복학 강사의 말같다. 청와대 관저에서 5년 동안 근무했던 한 비서는 나에게 "김대중 대통령과 이희호 여사가 서로 언성을 높이거나 얼굴을 붉히며 다투는 모습을 단 한 번도 본 적이 없다"고 말했다. 이건 부부애만으로는 불가능한 일이다. 당신은 어떤가?

당신은 영부인의 독자적인 대외활동에 대해 어떻게 생각하는가? 이희호 여사는 2002년 5월 유엔아동특별 총회에서 기조연설을 했는데, 우리나라 영부인으로서는 최초의 단독 외교였다.

사실 영부인의 단독 외교는 웬만한 국제무대 경험과 실력을 갖추지 않으면 위험한 일이다. 미국 영부인 중에서는 프랭클린 루스벨트 대통령의 부인 엘레나 여사가 장애인, 아동, 복지 문제의 정책적 지원활동을 활발하게 전개했고 남편 사후에는 유엔 인권위원회 위원장을 맡아 국제무대를 누볐다. 엘레나 여사는 오늘날 미국 최고의 퍼스트레이디로 꼽힌다. 이희호 여사는 2011년 북한 김정일 위원장이 사망했을 때 현정은 현대그룹 회장과 함께 북한을 방문해 조문했는데, 이때 김정은과 10여분간 면담을 갖기도 했다. 이희호 여사의 방북과 유엔 연설 등은 정치적으로 매우 민감한 행보였지만 별다른 논란 없이 넘어갔다. 평소 이 여사의 신중한 행보와 정책적 역할에 대해 국민들이 긍정적인 생각을 갖고 있었기에 가능한 일이었다. 만약 지금처럼 양극단 정치가 극에 달하고 전·현직 영부인들이 도마 위에 오르내리는 상황이라면 상상도 못할 일이다.

다음 대선에서는 차기 대권주자들의 배우자에 대한 검증이 어느 때보다 강하게 이루어질 것으로 보인다. 전·현직 대통령의 부인과 유력 대선주자의 부인 문제가 정치적 이슈로까지 부각되면서 국민들은 부지불식간에 배우자들에 민감한 반응을 보일 게 분명하다. 오늘날 세계적으로 영부인들의 활동 영역은 날로 확산되어가는 추세지만, 한국만은 예외가 될 것 같다. 영부인이 할 일과 해야 할 일이 많지만, 정치적 행보로 비치는 순간 민심은 싸늘하게 돌변할 것이다. 따라서 영부인이 정상적인 활동을 하려면 확실한 법적-제도적 안전장치가 필요하다. 제2부속실과 특별감찰관제는 물론이고 영부인의 지위와 의전, 경호, 예산 등에 대한 명확한 규정도 마련되어야 한다. 이는 다음 정부의 영부인을 위해서도 꼭 필요하다. 이희호 여사는 역대 영부인 가운데 학력·사회경험·정책능력도 뛰어났고, 젊은 시절에는 "희희호호 자주 웃다보니 이희호가 됐다"고 농담을 할 정도로 적극적인 성격이었지만, 정치인 김대중과 결혼한 후부터 달라졌다. 말수도 줄이며 조심스럽게 처신하고, 늘 한 걸음 뒤로 물러섰다. 이희호의 내조방식을 참조하며 새로운 영부인상을 만들자.

김대중 정부 5년의 업적과 과오

당신이 현 정부를 지지한다면 현 정부의 업적을 1분 이내에 몇 개나 말할 수 있겠는가? 반대로 당신이 야당을 지지한다면 1분 안에 야당의 업적을 몇 가지나 말할 수 있겠는가? 답변이 금방 튀어나온다면 성공적인 정부 또는 성공적인 야당이라고 할 수 있겠지만, 한참을 생각해야 한다면 문제는 달라진다. 그런 면에서 김대중 정부는 다른 정부보다 차별적 우월성이 있다. 솔직히 역대 대통령 가운데 김대중만큼 대표적인 업적들이 줄줄이 빠르게 떠오르는 대통령도 없을 것이다. 얼핏 꼽아도 다섯 가지가 넘는다. IMF 위기극복, 대통합, IT산업-벤처 육성, 남북정상회담, 노벨상 수상.., 이처럼 누구든지 쉽게 생각해낼 수 있는 업적은 곧 누구든지 쉽게 공감할 수 있는 업적이라는 뜻이다. 당신은 1분 이내에 자신의 장점이나 업적을 몇 가지나 말할 수 있겠는가?

그렇다면 김대중 정부의 과오는 무엇인가? 솔직히 금방 떠오르지 않는다. 임기말 아들문제 외에 특별히 떠오르는 과오가 뭐가 있을까? 일각에서는 전두환 & 노태우 사면을 비판하기도 하고, 햇볕정책을 북한 퍼주기라고 비판하지만, 이는 정파적 관점에 따라서 의견이 엇갈리기 때문에 과오로 단정하기는 어렵다. 결국 김대중 정부의 경우 업적은 금방 떠오르는데 비해, 과오는 금방 떠오르지 않는다는 점에서 성공적인 국정운영을 했다고 볼 수 있다. 차기 대권주자들도 그동안 자신이 이룩한 업적이 금방 떠오르는지 자문자답해보기 바란다.

　　성공적인 지도자로 평가받으려면 어떻게 해야 할까? 금방 떠오르는 업적들은 많고, 금방 떠오르는 과오는 적어야 한다. 이승만-박정희 대통령의 경우 금방 떠오르는 업적들은 많지만, 금방 떠오르는 과오도 적지 않다는 점이 문제다. 김영삼 대통령도 군사문화 청산, 금융실명제 실시 같은 뚜렷한 업적이 금방 떠오르지만, 'IMF 사태를 초래한 대통령'이라는 낙인 아닌 낙인 때문에 평가 절하되고 있다. 대통령에게 찍힌 낙인은 쉽사리 지워지지 않는다. 문재인 대통령은 나름대로 업적들을 제시하고 있지만, 과도한 이념정치와 부동산정책 실패, 탈원전정책 실패와 같은 과오의 굴레가 늘 따라다닌다. 이 굴레에서 벗어나기도 쉽지 않아 보인다. 만약 업적은 금방 떠오르지 않는데 과오가 금방 떠오른다면, 그는 실패한 대통령이다. 그렇다면 여러분은 현 정부에서 어떤 업적과 어떤 과오가 금방 떠오르는가? 나는 '현대판 사관(史官)'이라는 사명감을 갖고 대통령 평가작업을 계속해나갈 것이다.

　　　　　　　　　　　　　　　　　　　지혜의 지배자 김대중

김대중이 다수 국민들로부터 인정받고 있다고 판단되는 업적 10가지를 나름대로 선정하여 중요도에 따라 열거해 보았다.

#1 하나, 최초의 수평적 정권교체다. 헌정이래 줄곧 '여당에서 여당'으로 정권이 바뀌는 수직적 정권교체가 이루어져 왔지만, 김대중의 당선으로 '여당에서 야당'으로 정권이 바뀌는 수평적 정권교체가 처음으로 이루어졌다. 이는 한국이 확실한 민주주의 국가가 되었다는 것을 세계 만방에 알리는 동시에 국내에서는 동서통합과 국민통합의 물꼬를 튼 대전환점이었다. 즉, 김대중 개인의 업적일 뿐 아니라 국민과 국가의 업적이기도 했다.

#2. 둘, 초유의 IMF 위기의 조기 극복이다. 사실 대한민국이 그런 엄청난 국가적 위기를 맞이할 줄은 누구도 몰랐다. 얼마나 힘든 상황이면 6.25 한국전쟁 이후 최악의 국난(國亂)이라는 표현까지 등장했을까? 김대중은 그런 위기를 조기에 극복해 국내외를 놀라게 만들었다. 김대중의 총체적 능력을 만천하에 보여준 쾌거였다.

#3. 셋, 파격적인 대통합 정치다. 이는 통합인사와 탕평인사를 통해 더욱 빛을 발했다. 그동안 대한민국은 보수와 진보, 영남과 호남, 권위주의정권과 민주화정권이 두 쪽으로 갈라져 치열하게 대립해 왔지만, 김대중이 김종필, 박태준, 이종찬, 김중권 등 영남과 충청권의 구여권 세력들을 국정에 대거 참여시킴으로써 정치적-이념적-지역적 통합이 이루어졌다.

#4. 넷, 전두환-노태우 사면을 비롯한 국민 대화합이다. 김대중 대통령은 자신을 탄압했던 전두환-노태우 두 전직 대통령을 사면한 데 이어 박정희 기념관 건립을 추진함으로써 정치보복의 종식과 함께 국민대화합을 실현했다. 그러나 김대중이 어렵사리 이룩했던 국민대화합은 시간이 흐를수록 국민분열로 치닫고 있어 아쉽다.

#5. 다섯, IT 정보화 강국 토대 마련이다. 김대중은 미래 먹거리를 위해 IT 산업을 집중적으로 육성시켜 오늘날 대한민국이 세계적인 IT 강국으로 자리잡는 데 탄탄한 초석을 마련했다. 그때 만약 IT 산업을 육성하지 않았더라면, 우리나라는 지금 무엇으로 먹고 살고 있을지 아찔하다.

#6. 여섯, 벤처기업 육성이다. 김대중 대통령은 청년들의 일자리 창출과 중소기업 육성 차원에서 벤처기업 육성에 혼신을 다해 비약적인 발전을 이루었다. 그동안 산업화 세력에 밀려나 있던 젊은층은 그때를 계기로 대한민국 중소기업의 중심세력으로 떠올랐다.

#7. 일곱, 햇볕정책이다. 이미 야당 시절부터 통일문제 전문가였던 김대중은 햇볕정책을 성공적으로 실현함으로써 남북관계의 최대 전성기를 맞이하며 새로운 대북정책의 모델을 제시했다. 지금은 이념적·정파적 관점에 따라서 찬반이 엇갈리지만, 지금까지 햇볕정책만큼 실용적이고 효과적인 대북정책은 없을 것이다.

지혜의 지배자 김대중

#8. 여덟, 최초의 노벨평화상 수상이다. 노벨상 불모지였던 우리나라에서 김대중이 한반도 평화에 기여한 공로로 노벨평화상을 수상한 것은 누가 뭐래도 국가적 경사임에 틀림없다. 그때 노벨평화상을 받지 못했다면, 우리나라는 세계 10위권 국가인데도 오랫동안 노벨상 수상자가 한 명도 없는 나라가 되었을 것이다. 다행히 2024년 10월 작가 한강이 노벨문학상을 수상해 우리는 이제 2명의 노벨상 수상자를 보유하게 됐다. 참고로 올해 노벨평화상은 일본의 반핵–반전단체인 '니혼히단쿄'가 받았다.

#9. 아홉, 여성들의 획기적인 권익 향상이다. 김대중은 여성부의 신설과 함께 각종 여성 관련 법안과 제도를 재정비하고, 여성복지를 확대하였고, 청와대와 정부 요직에 여성들을 중용했다. 김대중 정부는 여성들의 전성시대라는 말까지 나왔다.

#10. 열, 생산적 복지정책이다. 김대중은 민생과 서민보호 차원에서 국민기초 생활을 보장하고 전국민 의료–연금–고용–산업재해 보험을 전면적으로 실시했다. 평소 서민복지를 중시했던 김대중의 복지철학이 유감없이 실현되었다. 이는 해외 선진국들도 높이 평가했던 분야다. 이외에 문화예술 육성도 중요한 업적으로 꼽힌다. 특히 일본 대중문화 개방은 김대중이 지지층의 거센 반대에 불구하고 밀어붙여 뒤늦게 많은 성과를 거두었다.

내가 '김대중'을 주제로 한 책에서 그의 업적을 좀 더 자세히 다루지 않은 이유는 이미 다른 책에서 충분히 다루었고, 여러분이 그 내용들을 잘 알고 있기 때문이다. 특히 이런 업적을 널리 알리는 것보다 이런 업적이 나오게 만들었던 그의 삶과 리더십을 좀 더 자세히 들여다보는 것이 나의 목표다. 아울러 김대중의 과오를 깊이 다루지 않은 이유도 이미 다른 책에서 충분히 다루었고, 정파에 따라서 평가가 엇갈리는 부분이 적지 않기 때문이다. 위에서 언급한 김대중의 10대 업적을 한 번 더 음미해 보시기 바란다.

① 최초의 수평적 정권교체 : 한국의 민주화와 정치발전
② 초유의 IMF 조기극복 : 6.25 전쟁 이후 국가적 위기 조기 극복
③ 파격적 대통합정치 : 이념-동서 통합, 김종필, 박태준, 이종찬, 김중권 등 구여권 중용
④ 전 & 노 사면 등 국민대화합 : 정치보복 중단, 박정희 기념관 건립
⑤ IT 정보화 강국 토대 : 미래 먹거리, 세계 IT강국의 기틀, 국제경쟁력 강화
⑥ 벤처기업 육성 : 2030 젊은층 일자리 창출, 중소기업 육성
⑦ 햇볕정책 : 남북관계의 획기적 개선, 대북정책 모델 제시
⑧ 노벨평화상 수상 : 국내 최초, 대한민국의 국제적 위상 제고
⑨ 여성권익 획기적 향상 : 여성부 신설, 각종 여성정책 제도화-법제화, 여성 발탁
⑩ 생산적 복지정책 : 국민기초생활 보장, 전국민 의료-연금-고용, 산재보험 전면 실시

당신이 만약 대통령이 된다면, 임기 5년 동안에 저런 업적을

지혜의 지배자 김대중

쌓을 수 있겠는가? 정치지도자들은 김대중의 10가지 업적을 보면서 어떤 생각이 드는가? 당신이 차기 대권주자라면, 당신이 CEO라면 지금까지 이룩한 업적이나 실적 10가지를 나열해 보기 바란다.

달라도 너무 다른 김영삼 vs 김대중 비교[16]

달라도 이렇게 다를 수가 있을까? 김대중-김영삼 두 지도자의 삶과 리더십을 비교할 때마다 드는 생각이다. 두 사람은 함께 민주화투쟁을 해오긴 했지만, 성장과정과 성격, 부모, 가정환경, 출신지역, 음식취향, 용인술, 공부법과 독서법, 투쟁방식, 리더십 유형, 국정운영방식에 이르기까지 거의 모든 분야에서 180도 가까이 달랐다. 두 사람은 서로 달라도 너무 달랐기 때문에 치열하게 경쟁했지만 동시에 상호 보완적인 역할을 하면서 민주화와 정치발전에 크게 기여했다. 그런 점에서 정치리더십을 연구하거나 정치를 하는 사람은 이 두 지도자를 비교 평가하면 많은 도움이 될 것이다. 우리 현대사에서 김대중-김영삼 두 사람 못지않게 다방면에서 서로 판이한 사람은 이승만-김구 두 지도자다. 이는 다른 책에서 다루고자 한다.

김대중-김영삼 두 사람은 성장과정과 성격이 다른 탓인지 리더십과 국정운영방식에 있어서 뚜렷한 차별성을 보였다. 성격만

---

16) 최진, <대통령리더십>(2003, 나남), <대통령리더십 총론>(2007, 법문사) 참조

해도 김영삼이 적극적이고 활발한 외향형이라면, 김대중은 차분하고 꼼꼼한 내향형이다. 통치방식을 보면, 김영삼은 부잣집 외아들로 별 고생없이 자란 탓인지 자신감이 넘치고 당당하게 치고나가는 '진두지휘형'인 데 비해 김대중은 농사짓는 집에서 서자로 태어나 고생하며 자란 탓인지 매사에 신중하고 조심스러운 '심사숙고형'이었다. 두 사람은 마치 남진-나훈아의 라이벌 관계처럼 함께 경쟁하고 함께 협력하면서 공생해왔다. 정치상황론적 관점이 아니라 정치심리학적 관점에서 본다면, 김대중-김영삼 두 사람은 성격과 리더십과 국정운영방식에 있어서 완벽한 상호 보완재라고 할 수 있다. 김대중은 언제가 의미심장한 말을 했다. "김영삼 대통령은 대통령을 둘이나 잡아넣을 정도로 용기 있는 사람이지만 나는 그런 건 못한다".

한국의 정치지도자들이여! 모든 면에서 서로 다른 두 사람의 리더십을 잘 비교 관찰하면, 아무리 힘든 문제도 해답을 찾을 수 있을 것이다. 보다 상세한 설명은 나의 저서 〈대통령리더십 총론〉(법문사)을 참고하시기 바라며, 여기서는 키워드 정도만 간략하게 도표로 정리했다.

김영삼 vs 김대중 대통령의 비교[17)]

		김영삼	김대중
성장과정		• 경상도 갑부 • 부잣집 외아들 • 여성적 세계관 • 학업성적 보통 • 정계진출 순탄	• 전라도 소농 • 지식인농부 서자 • 남성적 세계관 • 학업성적 탁월 • 정계진출 험난
성격유형		• 적극적 외향형 • 뜨거운 감성주의자 • 대범한 성격	• 꼼꼼한 내향형 • 차가운 이성주의자 • 치밀한 성격
리더십유형		• 플러스형 리더십 • 선동가형 리더십 • 인간중심형 리더십	• 마이너스형 리더십 • 행정가형 리더십 • 과업지향형 리더십
국정 운영 방식	용인술	• 통 큰 보스형 • 역할위임형 • 내향적 참모선호	• 성실한 경영자형 • 역할분담형 • 외향적 참모선호
	대통령실	• 정치개혁의 사령탑	• 정책기획의 사령탑
	통치기반	• PK • 상도동계 • 검찰	• 호남 • 동교동계 • 시민단체
	정책 방식	• 돌파력(창조적 파괴형)	• 기획력(가치창조형)
	국내정책	• 정치분야 역점	• 정책분야 역점
	대외정책	• 강대국 중심	• 한반도 중심

※ 두 지도자의 성장과정 – 성격유형 – 리더십 양상은 국정운영에 영향을 미쳤음

---

17) 두 지도자의 권위주의적 측면은 성장과정의 심리요인 외에 박정희·전두환·노태
우 대통령이라는 권위주의 정권과 장기간 투쟁하는 과정에서 상대를 닮게 되는
'적(敵)과의 동일시'(identification with aggressor)현상으로 분석되기도 한다.

제4장

미래 지도자를 위한

성공 10계명

미래 지도자를 위한 성공 10계명

지금 당장 김대중이 우리 앞에 나타나 행복과 성공으로 가는 길을 알려준다면, 뭐라고 할까? 또 김대중이 차기 대권주자들에게 성공전략을 알려준다면 뭐라고 말해줄까?

1) 절박함을 가져라

탄핵, 하야, 임기단축, 장외투쟁, 특검... 하루도 빠짐없이 절박한 단어들이 쏟아져 나오고 있다. 지금 하고 있는 일에 얼마나 절박한 마음으로 임하고 있는가? 지금 윤석열 대통령은 골치아픈 문제들을 해결하려고 얼마나 절실한 심정일까? 차기 대권주자들이 대통령이 되고 싶은 마음은 얼마나 간절할까? 다들 말로는 절박하다고 하겠지만 실제로는 그렇지 않을 수 있다. 프로이드에 의하면, 의식(입)은 절박한데, 무의식(속마음)은 그렇지 않을 수 있다. 만약 김대중이 이들 모두에게 성공의 비법을 딱하나만 알려준다면, 그것은 '진짜 절박함'이라고 할 것이다. 그는 평생 절박한 삶을 살아서인지 언제어디서나 절박했고, 결국은 해냈다. '궁하면 통한다'는 속담처럼 진짜 절박하면 못할 일이 없다. 여기서 절박함(切迫性, desperation)이란 절실함, 간절함, 비장함, 필사적인 자세, 뜨거운 열정을 의미한다.

사람이 절박하면 자신도 모르게 두 가지가 튀어나온다. 하나는 '한없이 낮은 자세'이고, 다른 하나는 '적극적인 변화'다. 김대중은 자신의 마지막 대권 도전인 97년 12월 대선을 앞두고 국민들에게 절박함의 극치를 보여주었다. 평생 입어본 적이 없는 스리버튼 양복을 입었고, 어울리지 않는 예능프로에 출연해 개그맨들과 어색한 농담을 주고받았으며, 김종필, 박태준 같은 구정권 사람들에게 고개숙여 도움을 청했다. 그것은 표심을 향한 전략적 행보가 아니라 민심을 향한 간절하고도 절실한 행보였다. 그게 바로 절박함이다. 97년 네 번째 대권 도전에서도 실패하면, 그의 꿈도 목표도 명예도 모든 것이 끝장난다. 그런 벼랑끝 각오, 배수진 전략이 있었기에 어려운 여건하에서도 승리할 수 있었다. 그는 절박한 대선 승리를 위해 한없이 낮은 자세로 적극적인 변화를 행함으로써 정상에 오를 수 있었다. 다만, 절박함을 조급함과 혼동하면 안 된다. 절박함은 담대하지만, 조급함은 노심초사하고 안절부절못한다.

김대중은 삶 자체가 절박함의 연속이었다. 아동기에도 학창시절에도 정치인 시절에도 감옥에서도 대통령 재임 중에도 '절박함'이 없을 때가 없었다. 이 중에서도 다섯 차례의 죽을 고비를 맞았을 때 가장 절박한 상태였음은 두말할 여지가 없다. 이후 대통령 재임 중에 가장 절박했던 순간은 임기말 아들문제가 터졌을 때였고, 퇴임 후에 가장 절박했던 순간은 자신의 트레이드

　　　　　　　　　　　　　지혜의 지배자 김대중

마크인 햇볕정책이 폄훼되었을 때였다. 당시 바로 옆에서 그 순간을 지켜본 사람들이 이구동성으로 전하는 절박한 순간들이다. 그때마다 김대중은 엎드려 기도했다. "아무리 캄캄한 밤이라도 내일 아침이면 반드시 태양이 다시 뜬다는 것을 믿었습니다. 나는 악마가 지배하는 지옥에 떨어져도 신이 있다는 것을 믿어의심치 않습니다" 그의 자서전을 보면, 괴로울 때마다 하나님에게 의지하고 기도하며, 때로는 울부짖으며 매달린다는 내용이 자주 나온다.

정치지도자나 CEO들에게 다시 한 번 묻고 싶다. 당신은 정말로 절박한가? 즉, 당신은 한없이 겸손하고, 필사적으로 변화하려 노력하고 있는가? 대통령의 지지율이 꽤 오랫동안 20%대에 머물러 있다면 아주 절박한 상황이다. 차기 대권주자들의 지지율이 꽤 오랫동안 5% 안팎에서 맴돈다면 역시 절박한 상황이다. 분명히 절박한 상황인데도 그들이 보여준 언행은 그다지 절박해 보이지 않는다. 누가 보더라도 분명히 절박한 상황인데도 여유만만하다면 그것은 '오만함'이다. 당신이 성공하고 싶다면, 절박한 모습을 보여주기 바란다. 한없는 겸손함과 적극적인 변화 말이다. 그러면 사람들은 기꺼이 당신의 손을 잡아줄 것이다.

2) 항상 배움의 자세를 가져라

'일론 머스크를 잡아라!' 만약 김대중이 용산에 있다면, '머스크 잡기'에 총력을 경주할 것이다. 트럼프 행정부의 정부효율부 수장을 맡은 그를 잡으면, 트럼프 정부와 경제까지 잡을 수 있기 때문이다. 아울러 AI, 챗GPT, 비트코인, 드론, 전기차 같은 미래 산업에 대한 책을 읽느라 밤새는 줄 모를 것이다. 김대중이라면 진즉 일론 머스크와 긴밀히 소통하고 국내 전문가들과 머리를 맞대며 미래 먹거리를 열심히 모색하면서 국민들에게 4차 산업혁명시대와 최첨단 기술의 중요성을 역설했을 모습이 연상된다. 다른 한편으로는 BTS(방탄소년단)와 블랙핑크 이후의 K-컬처 발전 전략을 모색하고 있으리라.

"김대중 대통령에게 가장 훌륭한 점을 하나만 꼽는다면 뭔가요?" 대통령리더십 전문가로서 내가 가장 자주 받는 질문 가운데 하나다. 그때마다 나는 '평생 공부하는 자세'라고 대답한다. 태어나서 죽을 때까지 그렇게 공부를 열심히 한 사람도 드물지만, 대통령이 된 후에도 그토록 열심히 공부하는 사람도 드물다. 대부분 지도자들은 정상에 오르면 워낙 바빠서 공부할 겨를이 없다. 하지만 김대중은 청년 때나 감옥에서나 청와대 입성 후에나 변함없이 공부하고 또 공부했다. 공부의 신(神)이라고나 할까? 우리 대통령은 무엇을 배우려고 하는가? 차기 대권주자들은 무엇을 공부하려고 하나?

여기서 '공부'란 단순히 독서하는 정도를 넘어 강좌와 특강, 전문가 대담과 토론, 학술세미나와 토론회 등 다양한 방식으로 끊임없이 새로운 것을 배우려고 하는 자세를 의미한다. 그는 감옥에서 엄청난 양의 책을 섭렵했지만, 대통령이 된 후에도 많은 책들을 읽었다. 김대중은 뭐든지 배우려고 했다. 1990년대 후반과 200년대 초반을 풍미했던 인기가수 서태지와는 새로운 음악

장르에 대해 의견을 주고받았다. 이런 공부는 자연스럽게 정책에 연결되었다. 주말에는 관저로 학자나 전문가들을 불러 담소하는 방식으로 공부했다. 예컨대, 벤처정책을 추진하기 전에는 반드시 해당 분야의 실무자와 전문가들과 난상토론을 벌였다. 이런 김대중을 만나려면 누구든지 사전에 충분히 준비하지 않으면 낭패를 볼 수 있다.

　김대중 정부에서 대북정책을 총괄했던 정세현 전 통일부장관은 2024년 'DJ의 공부력'에 대해 언급했다. 김대중은 어떤 보고서를 보더라도 대충 넘어가는 법이 없고, 반드시 사전·사후에 꼼꼼하게 질문하고 메모하고 피드백을 한다는 것이다. 비단 통일문제뿐만 아니라 음악, 미술, 건축, 공예, 동식물처럼 생경한 분야도 그는 늘 공부하기 때문에 다방면에서 전문가 수준이었다. 대통령이 되면, 주변에 일급 참모와 전문가들이 많기 때문에 굳이 공부할 필요가 없지만 그는 예외였다. 그는 2009년 8월 세상을 떠나기 얼마 전까지 병상에서 만화 〈조선왕조실록〉을 보았다니 그의 학구열이 놀라울 따름이다. 누군가 당신에게 김대중의 최대 장점이 뭐냐고 묻는다면, '평생 공부하는 자세'라고 대답하시기 바란다. 그런데 당신은 요즘 어떤 공부를 하고 있는가?

　사실 대통령 자리에 오르거나 차기 대권주자 반열에 오르면, 새로운 것을 공부하고 배우려는 자세를 갖기 어렵다. 워낙 바쁜데다 이미 알만큼 안다고 생각하기 때문이다. 그런 면에서 본다면 CEO들은 배움의 자세가 정치인보다 훨씬 더 적극적이다. 신간서적을 구입하고, 대학 고위과정에 다니며, 각종 모임에서 새로운 정보를 습득하려고 노력한다. 김대중은 누구보다 바빴고 누구보다 많은 것을 알았지만, 대통령이 된 뒤에도 누구보다 더 많이 배우려고 노력했다. 이런 지도자를 국민들은 절대 버리지 않는다.

3) 뼈를 깎는 자기혁신을 하라

영 어색하지만 아주 효과적인 처세술이라고 할까? 김대중은 특별한 사람을 만나면, 자신의 넥타이를 풀어 상대방의 그것과 바꿔 매기도 한다. 2001년 당시 바이든 미국상원외교위원장이 방한했을 때도 오찬 도중에 자신이 매고 있던 녹색 넥타이를 주었다. 나중에 보니 넥타이에 '국물자국'이 묻어 있었다. 그래도 바이든은 그 넥타이를 깨끗이 세탁하여 간직하고 있다가 대통령이 된 뒤에 한국인 VIP를 만날 때마다 꼭 그 넥타이를 매고 나와 자랑했다고 한다. 김대중과 바이든의 놀라운 자기계발 노력이다. 대형서점에 가보면 수많은 책들이 가장 많이 다루는 주제는 '자기계발'이다. 그만큼 자기계발이 중요하고 어렵다는 뜻이리라. 그런 면에서 김대중은 뼈를 깎는 각고의 노력으로 자신을 변화시켜 정상에 오른 '자기계발의 달인'이었다. 지금 당장 정치지도자들이 김대중에게 배울 점을 든다면, '뼈를 깎는 자기혁신'이고, 그게 '뉴DJ플랜'과 '알부남 전략'이다. 김대중은 자기계발의 중요성에 대해 이렇게 말했다. "변화하지 않는 생명체 앞에는 죽음 밖에 없다. 변화는 살아있는 생명체의 자기 증거다!" 우리 대통령은 스스로 어떤 변화의 노력을 하고 있는가? 차기 대권 주자들은 어떤가? 혹시 1년, 2년, 아니 10년, 20년째 똑같은

지혜의 지배자 김대중

모습을 그대로 보여주고 있는 것은 아닌가?

　뉴DJ플랜은 김대중이 97년 대선 때 개발해 활용했던 일종의 '지도자 리모델링 프로젝트'다. 김대중의 대선전략 하면 곧 뉴DJ플랜이라고 말할 정도로 유명한 이 전략은 기존의 구시대적인 모습을 새로운 모습으로 바꾸는 이미지 메이킹 전략이다. 김대중은 수십 년에 걸려 민주화운동과 반독재 투쟁을 해오다보니 모든 면에서 강하고 투쟁적인 이미지가 굳어져 있었다. 옷차림도 항상 어두운 색상의 넥타이에 정장 차림이었고, 얼굴 표정도 늘 딱딱하게 굳어 있었다. 70대의 나이는 구시대 인물의 이미지를 더욱 강하게 풍겼다. 김대중은 어떻게든 비지지층의 거부감을 최소화하고, 중도층과의 거리감을 좁혀야 했다. 고민 끝에 '화려한 변신'을 시도하기로 했다. '늙고 딱딱하고 근엄한 DJ'로부터 과감히 벗어나 '젊고 부드럽고 재밌는 DJ'로 변하기 위해 모든 방법을 동원했다. 젊은층과 여성에 포커스를 맞추어 헤어스타일, 옷차림, 표정, 말투까지 뜯어고치기 위해 피나는 노력을 기울였다. 양복 윗주머니에 삼각형으로 꽂아놓은 진한 보라색 행커치프는 변신의 키포인트로 지금도 회자되고 있다. 당시 경쟁자였던 이회창은 대법관 출신으로 차갑고 엄숙한 분위기를 굳이 바꾸려고 애쓰지 않았다. 그게 뭐가 중요하냐는 생각도 있지만 기존의 스타일을 왕창 뜯어고친다는 게 보통 힘든 일이 아니다. 감성정치의 위력을 간과한 것이다. 마침내 김대중은 뉴DJ플랜을 통한 자기혁신에 성공해 13대 대통령에 당선됐다. '알부남 전략'은 뉴DJ플랜의 핵심 전략 가운데 하나다. '김대중이 알고 보니 부드러운 남자'라는 것을 증명하는 감성전략으로 '딱딱한 DJ'에서 '부드러운 DJ'로 변신하기 위해 웃고 자주 웃기는 장면을 최대한 자주 연출했다. 이를 위해서 젊은 대학생들과의 만남, TV예능프로 출연, 유명 개그맨과의 만남, 유머 구사 등 온갖 방법이 총동원되었다.

우리 국민들이 대통령이나 여야 정치지도자들에게 쉽게 실망할만도 하다. 그들은 안정된 위치에 올라섰다고 판단되는 순간부터 변화하고 탈바꿈하려고 하지 않는다. 똑같은 표정과 똑같은 말투, 똑같은 옷차림, 똑같은 슬로건, 똑같은 정책, 똑같은 정치스타일로 국민들을 질리게 만든다. 국민들은 진영논리 때문에 할 수 없이 그들을 지지하지만 내심 진저리를 친다. 그러다가 새로운 인물이 등장하면 그쪽으로 확 쏠리는 경우가 적지 않다. 정치지도자들은 국민들을 위해서 끊임없이 변화와 혁신의 노력을 기울여야 한다. 그 대표적인 모델이 김대중이다.

정치인이든 CEO든 일단 정상에 오르면 나태해지기 쉽다. 그러나 김대중은 대통령이 된 뒤에도 뉴DJ플랜과 알부남 전략을 계속 발전시켜 나갔다는 점이 높이 평가할만하다. 당시 청와대에서 관련 업무를 담당했던 나는 대국민 기자회견이나 국민과의 대화 등 주요 행사 때마다 '부드러운 DJ 대통령'의 모습을 보여주기 위해 관련 분야의 전문가들과 함께 의논하고 토론했던 기억이 생생하다. 1998년 5월 TV로 생중계된 〈국민과의 대화〉에서 김대중은 한 젊은 여성으로부터 "만약 지금 당장 무인도에 세가지만 갖고 떠난다면 무엇을 갖고 가겠느냐?"는 질문을 받자 "국민들이 행복하도록 실업문제와 부정부패, 지역감정을 갖고 가겠다"고 대답했다. 이 장면은 지금도 알부남 전략과 뉴DJ플랜의 대표 사례로 회자되고 있다. 뉴DJ플랜이 오늘날까지 높이 평가받는 이유는 단순히 외면의 변화뿐만 아니라 내면의 변화까지 추구했다는 점이다. 예컨대, 정책이나 인사에 있어서도 낡고 뻔한 것으로부터 새롭고 미래지향적인 것으로 바꾸어나갔다. 김대중은 "정치뿐만 아니라 인생 자체가 변화의 연속이어야 한다"며 "인생은 끊임없이 자기 자신과 토론하고 자신을 설득해 가면서 날마다 새롭게 출발하는 것"이라고 말했다. 윤석열 대통령은 취임 초 도어스태핑을 하면서 얼마나 철저히 준비했는가? 만약 차기 대권주자들이 당장 도어스태핑을 한다면, 가장 잘할 수 있는 사람이 누구일까? 단순한 언변이 아니라 진솔한 대국민 소통 말이다.

혁신, 창조, 융합은 요즘 리더십의 핵심 키워드다. 끊임없이 변화하고 새로움을 추구한다는 것, 결코 쉽지 않다. 김대중은 대통령 재임 중에도 국민을 위해서 변화하려고 온갖 노력을 기울였다. 그가 스스로 혁신하기 위해 얼마나 노력했는지를 보여주는 문건 하나를 공개하고자 한다. 당시 최고의 이미지컨설팅 전문가의 자문을 받아서 내가 김대중에게 직보한 내용의 일부다. "김대통령의 헤어스타일은 단정하고 머리숱이 많아 안정된 분위기를 주지만, 염색이 너무 완벽해 오히려 무거운 이미지를 주기도 한다. 따라서 머리염색 시 흰머리를 약간 보이도록 하는 것이 좋고, 너무 각진 헤어스타일보다 원형을 넣어 부드러움을 강조하는 것이 낫다. 표정은 산전수전 겪은 지도자로서 중후함과 위엄이 있다. 그러나 불편하고 무거운 느낌을 준다. 때로는 심각해 보이고 표정에 자신이 없어 보인다. 김대중은 신세대가 아니므로 활짝 웃을 필요는 없지만 자상한 미소를 자주 지을 필요가 있다. 가끔 의식적으로 두 눈을 크게 떠서 총명한 인상을 주어야 한다. 음성은 탁해서 최고 통치권자의 위엄을 주지만 전달력이 떨어지기도 한다. 목소리를 좀 더 크고 맑게 해서 전달력을 높일 필요가 있다. 의상은 야당 시절보다 현저하게 세련되기는 했지만 너무 멋을 부리려는 느낌을 준다. 좀 더 자연스럽게 와이셔츠 차림에 타이만 매는 등 편안한 모습을 연출할 필요가 있다. 그리고 커다란 집무실 구석에 컴퓨터가 방치된 채 항상 꺼져 있다. 역대 대통령의 접견실에 있었던 똑같은 일월도(日月圖)는 너무 판에 박힌 느낌을 주므로 전통적이면서도 좀 더 현대적인 그림이 어떨까? 당신은 이런 변화가 필요하지 않은가?

우리 정치지도자들은 자기혁신을 위해서 얼마나 뼈를 깎는 노력을 하고 있는가? 차기 대권주자들을 만나보면, 경력이 화려하고 정치경험이 많은 사람일수록 변화를 싫어한다. 자기가 쌓아올린 자기만의 세상이 너무나 견고하기 때문이다. 그들은 오히려 국민들을 바꾸려고 안간힘을 쓸 뿐 자기 자신을 바꾸려고 안간힘을 쓰지 않는다. 그들은 자신의 장점 9가지만 보고, 치명적인 약점 한 가지는 보려고 하지 않는다. 바로 그 한 가지 때문에 그는 번번이 실패했고 또 실패할 것이다. CEO들이여, 자신의 장점 9가지를 활용하되 치명적인 약점을 보완하기 위해 혁신하고 또 혁신하기 바란다.

지혜의 지배자 김대중

4) 매사에 사전준비를 철저히 하라

당신은 위기에 처하면 어떻게 대처하는가? 김대중은 일평생 하도 많은 위기를 겪은 탓인지 위기관리능력이 뛰어났다. 그는 개인적 위기뿐만 아니라 정치적 위기, 경제적 위기를 잘 극복했다. 내가 여기서 강조하고 싶은 것은 DJ의 위기관리능력 자체가 아니라 그것을 뒷받침하는 '사전준비성'이다. 김대중과 한번이라도 함께 일해본 사람이라면, 그가 무슨 일을 하든지 얼마나 사전 준비를 철저히 하는지 알 수 있다. 대부분 혀를 내두른다. 우리 대통령, 그리고 차기 주자들에게 그런 사전준비성이 얼마나 보이는가? 즉, 그들은 위기관리능력은 어느 정도인가? 이 물음은 CEO들에게 훨씬 더 중요한 부분이다.

철저한 사전준비는 DJ의 위기관리능력의 핵심 요인이다. 그는 모든 일을 하기 전에 사전에 철저히 준비하기 때문에 위기가 발생할 가능성도 적고, 설령 발생하더라도 즉각 대비할 수 있다. 나는 과거 청와대 참모로 국민과의 대화를 준비할 때마다 김대중의 준비성에 감탄하곤 했다. 보통 2달 전부터 팀을 꾸려 준비작업에 들어가는데, 한치의 오차도 없이 촘촘하게 준비한다. 여성 진행자는 누가 더 나을지, 대통령이 사용하는 필기구는 파란색과 빨간색 볼펜 가운데 어느 것이 더 나을지에 대해서도 전문가 조언을 듣는다. 가장 신경을 쓰는 것은 당연히 대통령의 발언과 질의응답이다. 그리고 리허설을 반복한다. 이렇게 철두철미하게 준비하니 실언이나 실수가 나올 리 만무하고 국민들의 만족도는 높을 수밖에 없다. 정부정책 수립에 있어서도 사전준비가 철저했다. 예컨대 여성부를 신설하기 전에 국내외 여성정책 사례를 철저하게 파악했고, IT 산업을 추진하기 전에 국내외 성공사례를 철저하게 파악한다. 이 모든 진행과정을 김대중이 직접 챙기기 때문에 당이나 부처에서 허술한 보고나 왜곡보도를 할 수가 없다.

국가적 위기를 극복하기 위해 김대중이 가장 심혈을 기울인 것은 '대국민 메시지'였다. 국회 시정연설, 국무회의 모두발언, 기자회견문부터 광복절 축사, 성탄절 메시지에 이르기까지 국민들에게 주는 메시지가 감동을 주도록 토씨 하나하나까지 세심한 관심을 기울였다. 김대중이 발표하기 전에 사용했던 문서 초안들을 보면, 어김없이 빨간 볼펜으로 여러 번 수정한 흔적들이 역력했다. 윤석열 대통령은 대국민 메시지를 내놓을 때 어느 정도 공을 들이는가? 차기 대권주자들은 또 어떤가?

위기관리 리더십의 3가지 조건은 '빠르게'(신속성), '과감하게'(과감성), '진심으로'(진정성)라는 사실을 정치인도 CEO도 명심하기 바란다. 김대중은 신속성에 있어서는 좀 아쉬운 부분이 있지만, 과감성과 진정성은 탁월했다. 덕분에 그는 IMF 사태를 비롯해 옷로비 특검, 임기말 아들문제와 같은 여러 가지 위기를 극복할 수 있었다. 현 정부는 집권 초부터 이태원 참사, 채상병 사건, 김건희 의혹과 같은 위기를 잘 극복하고 있다고 보는가? 제1야당은 시시각각으로 밀려오는 사법 리스크의 위기를 잘 극복하고 있는가? 모든 상황을 대비하여 철저하게 사전준비를 함으로써 위기를 극복했던 DJ의 위기관리능력이 지금 어느 때보다 절실히 요구되고 있다.

지혜의 지배자 김대중

5) 지지층이 아니라 중도층을 잡아라

대통령이든 차기 대권주자든 지지율을 단기간에 올릴 수 있는 비법은 뭘까? 정당도 민심도 모든 게 지지율로 판가름나는 지지율 만능시대에 지지율을 좌지우지하는 '보이지 않는 손'은 다름 아닌 중도층이다. 요즘처럼 양극단 정치가 극심한 때일수록 중도층은 막판 대세를 판가름하는 최종 심판자다. 누구든지 중도층의 속성을 먼저 깨닫는 자가 승리할 것이다. '중도정치의 원조'였던 김대중은 일찌감치 중도층의 중요성을 깨달은 덕분에 불리한 여건 속에서 대권을 잡았고 국정을 성공적으로 운영했다. 지금은 그때보다 훨씬 더 중도층의 파워가 강해진 중도시대라는 점을 인식하기 바란다. 윤석열 대통령은 지지층과 중도층 가운데 어느 쪽을 더 중요하게 여길까? 차기 대권주자들도 또 어느 쪽이 더 중요하다고 생각할까? 두말할 것 없이 중도층이 지지층보다 훨씬 더 중요하다. 양극단 시대에는 어차피 한번 우군은 영원한 우군이다. 중도를 잡아야 한다.

김대중을 '진보와 보수적인 사상을 둘 다 가진 인물'이라고 표현한 인물백과사전도 있다. 김대중은 "역사 발전을 위해서는 개혁도 필요하지만 보수도 필요하다"면서 "개혁과 보수는 전진을 위한 두 개의 수레바퀴와 같다"고 말했다. 그는 또 "혁명은 법을 무시하지만 개혁은 법을 지키고, 혁명은 국민에게 불안과 공포를 주지만 개혁은 희망과 안정을 준다"면서 "국민과 함께 하는 개혁은 반드시 성공한다"고 강조했다. 그래서 김대중을 '보수적 개혁주의자' '개혁적 보수주의자' 또는 '중도 개혁주의자'라고 부른다. 실제로 그는 투쟁적인 양극단주의를 배제하고 온건하고

타협적인 등권주의(等權主義)를 주창해왔다. 그의 이런 중도주의
는 그때보다 지금이 훨씬 중요하고 필요해졌다.

흥미롭게도 김대중과 윤석열은 중도정치의 데자뷔를 보여준
다. 과거 김대중 후보가 1997년 대선에서 1.53%p차의 박빙으로
이긴 이유를 하나만 꼽는다면 중도층의 막판 지지였고, 윤석열
후보가 2022년 대선에서 0.73%p차의 박빙으로 이긴 이유를 하
나만 꼽는다면, 역시 중도층의 막판 지지였다. 보수와 진보가
팽팽하게 격돌했지만 막판에 중도층이 어느 한 쪽을 좀 더 지지
함으로써 대세가 판가름난 것이다. 이러한 중도파워 현상은
2024년 총선에서도 전국 곳곳의 막판 초박빙 접전현상으로 나
타났고, 2027년 대선에서는 더욱 확대될 것으로 보인다. 김대중
은 대통령 재임 중에도 국정지지율을 올리기 위해 호남과 지지
층이 아니라 중도층과 수도권, 청년층을 우군화하는 데 총력을
기울였다. 이런 중도전략이 지금은 더 중요해졌다.

요즘 고객이나 유권자라는 관점에서 볼 때 가장 중요한 타깃
은 2030 젊은층과 여성 그리고 자영업자들이다. 이들이 곧 중
도층이다. 김대중은 야당 시절이나 대통령이 된 후에나 이들 중
도층의 마음을 얻기 위해 다양한 방법을 총동원했다. 어설픈 썰
렁 유머, 대학생들과의 토론, 주부들과의 미팅, TV 예능프로 출
연, 뉴DJ플랜, 알부남 전략, 마이클 잭슨, 서태지, 이경규에 이
르기까지 할 수 있는 인적-물적 자원을 다 활용했다. 김대중이
김종필, 박태준, 이종찬, 김중권과 같은 보수 인사들과 손을 잡
은 것도 정치적 연대효과 못지않게 중도층 흡수효과를 더 기대
했다. 그런 각고의 중도층 끌어안기 노력 덕분에 39만표차로 아

슬아슬하게 이길 수 있었다. 2022년 3월 대선에서 윤석열 대통령도 보수와 진보가 팽팽하게 맞붙은 상태에서 중도층의 지지를 좀 더 얻은 덕분에 불과 24만여 표차로 이길 수 있었다. 반대로 2024년 4월 총선에서는 중도층이 야당을 지지해 여당이 참패했다. 2026년 지방선거와 2027년 대선 때도 중도층이 어느 쪽으로 가느냐에 따라서 승패가 엇갈릴 것이다. 일찌감치 중도전략을 세우기 바란다.

거듭 강조하고자 한다. 차기 대권주자든 CEO든 성공하고 싶다면, 중도층을 잡아야 하고, 중도전략이 최우선시되어야 한다. 중도만이 살 길이다. 여러분은 2030 젊은세대와 여성, 자영업자들이 무엇을 원하며 그들에게 어떻게 해주어야 하는지를 알아야 만사 형통한다. 중도층은 탈정치-탈이념-탈투쟁의 3탈(脫) 성향이 강하고, 자나깨나 민생, 민생을 중시한다. 일찌감치 중도시대를 예견한 김대중의 혜안이 놀랍다.

6) 대중을 사로잡는 감성전략을 구사하라

무릎팍도사, 일요일일요일밤에, 몰래카메라, 이경규에서 스필버그까지... '냉철한 김대중'을 '따뜻한 김대중'으로 바꿔준 방송 키워드들이다. 요즘 같은 감성시대에 사람들의 마음을 쉽게 움직일 수 있는 감성의 3대 요소는 '눈물'과 '웃음'과 '노래'다. 이 세 가지를 잘만 활용하면 사람들의 마음을 빠르게 움직일 수 있다. 역대 대통령들도 대선에서 이 세 가지를 활용한 감성전략으로 승리했다. 아쉬운 것은 대통령이 되고 나면 감성전략을 소홀히 해서 국민들로부터 멀어졌다는 점이다. 그러나 김대중은 대통령이 되기 전이나 후에나 감성전략을 계속 활용했다. 특히 요즘처럼 정치가 강퍅하고 민심이 흉흉할 때는 감성전략만큼 효과적인 민심 사로잡기 전략이 없다. '감성정치의 달인'으로 불리는 오바마 대통령은 데이비드 엑셀로드라는 정치심리학자와 존 페브로라는 젊은 작가와 함께 감성전략으로 대선에서 역전승을 거두었고, 이후 8년 동안 함께 하면서 성공한 대통령으로 남았다. 감성시대에 감성 원리를 모르면 아무 것도 할 수 없다. 윤석열 대통령과 차기 주자들은 이 감성원리를 잘만 활용하면 단기간에 적은 노력으로 많은 국민들의 지지를 받을 수 있을 것이다. CEO는 더더욱 그렇다. 감성경영, 감성홍보, 감성마케팅 등이 널리 활용되고 있다.

감성전략이란 내가 눈물을 흘리고 내가 웃고, 내가 노래를 불러서 국민들이 함께 울고 함께 웃고 함께 노래하게 만드는 것이다. 한마디로 감성전략은 감동을 주는 전략이다. 예컨대, 대통령이 소통을 잘 하는 것보다 소통을 잘 하려고 혼신을 다하는 모습이 더 감동적이며, 성과를 내는 것보다 성과를 내려고 혼신을 다하는 모습이 더 감동적이다. 김대중이 IMF 위기를 극복할 때도 엄청난 능력으로 극복한 것이 아니라 70대의 노구를 이끌고 혼신을 다하는 모습을 보고 국민들이 나서서 함께 했기에 가능했던 것이다. 이런 감성의 원리를 이해하고 실행해야 한다.

감성전략이 가장 위력을 발휘할 때는 대선 때다. 노무현은 통키타치며 〈상록수〉를 부르다가 눈물 흘리는 모습으로 대선 막판 표심을 사로잡았다. 노태우는 87년 대선 때 생방송으로 온 국민이 지켜보는 가운데 감미로운 목소리로 독일 시인 헤르만

지혜의 지배자 김대중

헤세의 시를 낭독해 여심(女心)을 얻었다. 과거에는 '눈물의 전략'이 가장 잘 먹힌 데 비해 요즘에는 '웃음의 전략'이 잘 먹힌다. 윤석열 대통령은 2022년 대선 때 '노래의 전략'으로 효과를 톡톡히 보았다. 예능프로에 출연해 이승철의 〈그런 사람 또 없습니다〉를 불러 찬사를 받았고, 대통령이 되어 미국을 방문했을 때는 돈 맥클린의 〈아메리칸 파이〉를 불러 국제적인 주목을 받기도 했다. 그러나 이후에는 이렇다 할 감성적 행보나 이벤트가 나오지 않고 있다. 문재인 정부 때는 감성이벤트가 너무 많아서 탈이었다면, 윤석열 정부에서는 감성이벤트가 너무 적어서 탈이다.

온 국민들이 지켜보는 가운데 김대중이 펑펑 울며 눈물을 쏟아낸 장면은 세 차례였던 것으로 기억된다. 1973년 동경 납치 직후 동교동 자택에 돌아와서 기자회견을 할 때, 1994년 평생 민주화운동을 함께 했던 문익환 목사가 세상을 떠났을 때, 2009년 노무현 전 대통령이 극단적인 선택을 했을 때였다. 김대중은 옥중에서 지금 다시 읽어봐도 가슴이 뭉클한 감동적인 시를 많이 남겼다. 그래도 나는 김대중을 '감성적인 지도자'로 보지는 않고 '이성적인 지도자'로 본다. 그는 가끔 눈물을 쏟아내기도 했지만 그보다는 감정을 자제하는 능력이 더 뛰어났다. 그는 희노애락의 감정을 쉽게 표출하지 않았다. 이는 그의 내향적 성격과 오랜 핍박 경험 탓이라고 본다.

요즘 감성전략은 '눈물'보다 '웃음'이 잘 통한다. 넷플릭스 드라마나 국내 방송을 보더라도 웃기고 재미있는 것이 대세다. 이런 미래의 추세를 일찌감치 예견했는지 김대중은 '억지 미소'와 '억지 유머'를 적극 활용했다. 평생 웃음이나 유머와는 거리가 먼 삶을 살아온 그였지만 대선 때 중도층의 표심을 얻기 위해서, 당선 후에는 국민들의 마음을 얻기 위해서 억지로 웃었고, 억지로 유머를 구사했다. 앞에서 언급했던 '알부남 전략'(알고 보면 부드러운 남자 이미지 만들기)과 '뉴DJ플랜'(새로운 김대중 이미지 만들기)도 그런 연장선에서 나왔다. 그는 국민들 앞에서 나서는 자리에서는 반드시 '준비된 유머'를 인용하며 공감을 유도했다. 국민들이 대통령의 미소와 유머를 보고 심리적 안정감과 신뢰감을 느끼도록 한 것이다. 누구나 공감할 최악의 감성전략은 '분노'다. 과거 권위주의 시절에는 대통령이 화를 내면 국민이 움츠려 들었지만, 지금은 대통령이 화를 내면 오히려 국민들이 화를 낸다.

"민심이란 변덕스럽고 속기 쉽고 이기적이지만 국민의 마음속에는 진리와 정의에 대한 갈망이 있다. 누가 뭐래도 나의 유일한 영웅은 국민이다" 김대중의 말이다. 비록 민심이 갈대처럼 이리저리 흔들린다고 해도 결국 믿고 의지할 것은 민심 즉 국민밖에 없다는 얘기다. 오늘날 감성시대에 대통령이든 CEO든 국민(고객)의 마음을 사로잡으려면, 딱딱하고 강한 모습이 아니라 부드럽고 편안한 모습으로 다가가야 한다. 즉, '감성전략'을 통해 '감성적인 인간'의 모습을 보여주어야 한다. 예컨대, 김대중은 자기가 하고 싶은 말이 아니라 국민이 듣고 싶은 말을 전하는 데 혼신을 다 했다. 이를 위해 다양한 경로로 다양한 민심을 수렴했다. 자신의 연설이 국민들에게 감동을 주도록 아름다운

지혜의 지배자 김대중

명언과 성공 사례, 수치, 격언 등을 넣으며 고치고 또 고쳤다.

　우리 대통령과 정치지도자들은 국민들에게 즐겁고 유쾌한 감동을 주기 위해 어떤 노력을 하고 있는가? 오히려 짜증스러움과 스트레스만 제공하고 있지는 않은가? 최고 인기를 끌었던 백종원의 〈흑백요리사〉를 보면 요즘 민심트렌드를 읽을 수 있을 것이다. 아무리 좋은 정책이나 좋은 전략이라고 해도 국민들이 좋아하지 않으면 좀처럼 통하기 어려운 시대다. 의료개혁만 해도 그렇다. 국민들을 부드럽게 설득하고 또 설득해야 통할까 말까 하는 시대가 바로 대중주도시대다. 언제부터인지 우리 정치권에서 김대중처럼 국민들을 위해 억지로라도 웃거나 웃음을 주려고 노력하는 정치지도자를 보기 어렵다. 단언컨대, 다음 대선에서는 차갑고 투쟁적인 리더보다 따뜻하고 감성적인 리더가 높은 지지를 받게 될 것이다. CEO는 더 절박하다. 이 어려움을 극복하려면 고객들에게 편안하고 즐거운 감동을 주도록 감성경영과 감성마케팅에 주력해야 한다.

7) 제발 정치에 올인하지 말고 민생에 올인하라

　미국에 'MAGA'(Make America Great Again, 미국을 다시 위대하게)라는 슬로건이 있다면, 한국에는 'MKGA'(Make Korea Great Again, 한국을 다시 위대하게)라는 슬로건이 있다고 우리 모두 외쳐야 한다. 그 핵심은 '민생'이다. 요즘 세상에 '민생'보다 더 중요한 것은 없다. 길 가는 사람 100명을 붙잡고 정치가 더 중요한지 민생이 더 중요한지 물어보라. 민생이 만사다. 대통령이 민생에 올인하면 정치가 저절로 풀리지만, 정치에 올인해도 민생이 풀리지 않는다. "바보야! 문제는 정치야!"라고 외치는 사람들에게 나는 "바보야! 문제는 민생이야!"라고 외치고 싶다. 김대중은 민생에 올인했고 많은 성과를 거두었기 때문에 숱한 어려움에 처했어도 무난히 넘겼다고 본다. 지금 정부는 민생에 올인하고 있는가? 민주당은 진정으로 '먹사니즘'을 원하는가? 차기 대권주자들 가운데 그나마 민생에 가장 많은 관심과 역량을 갖고 있는 사람이 누구라고 생각하는가?

재래시장에 가서 떡볶이 먹고, 공장에 찾아가 작업복 입고 돌아보는 것은 민생이 아니라 민생쇼다. 현장 방문 모습이 신문과 방송에 그럴듯하게 나오겠지만 아무런 효과가 없고 오히려 역효과가 난다. 국민의 눈에는 '너무나 뻔한 구닥다리 쇼'일 뿐이기 때문이다. 진짜 민생이란 기존의 정치인들이 쉽게 찾지 않았던 현장을 찾아가서 그들과 함께 땀을 흘리고 애로사항을 들어주는 것이 기본이다. 그리고 장바구니 물가, 부동산, 세금 등 민생과 직결된 문제에 대해 1년 365일 관심을 가져야 한다. 동시에 민생 관련 법안과 제도 마련에 혼신을 쏟아야 한다. 그러니까 진짜 민생은 '일시적인 민생쇼'가 아니라 '지속적인 민생 올인'이어야 한다. 대통령도 여야 지도자들도 이런 민생 올인 모습을 보여주어야 국민들이 마음의 문을 연다.

민생과 경제는 분명히 다르다는 점도 알아야 한다. 경제가 국민소득, 수출, 환율 같은 거시 지표를 중시한다면, 민생은 장바구니 물가, 전월세, 서민복지 같은 미시 지표를 중시한다. 2024년 11월 세계적인 경제평가기관들이 한국경제를 가리켜 '성장의 슈퍼스타'라고 높이 평가했지만, 국민들은 냉소적이다. 과거에는 국가의 경제가 중요했다면 지금은 국민 개개인의 민생이 더 중요하다고 생각하는 시대다. 박정희 대통령이 '경제'를 살렸다면, 김대중은 '민생'을 살렸다고 할 수 있다. 민생의 주된 대상은 서민과 젊은층 그리고 중도층이다. 그들이 잘 먹고 잘 살게 해주어야 한다. 김대중 정부가 역점적으로 추진했던 생산적 복지정책은 대표적인 민생정책이었다. 이는 전국민에게 기초생활 보장과 함께 의료와 연금, 고용, 산재보험 혜택을 최대한 확대시켜 서민과 영세민들의 삶을 크게 향상시켰다. IT 벤처기업 육성정책도 젊은층을 겨냥한 획기적인 민생정책이었다. 5공 전두환 정권이 거센 비판을 받으면서 대표적인 업적으로 '물가 안정'을 내세우는 것도 민생과 직결되기 때문이다. 안타깝게도 김영삼 대통령은 획기적인 정치적 업적들을 많이 이루어냈음에도 불구하고 민생 분야에서 뚜렷한 업적이 없는 탓에 과소평가받고 있다.

대통령과 여야 지도자들은 부디 '민생의 법칙'을 명심하기 바란다. 국민들은 고가의 모피코트나 디올백에 관심이 많은 것 같지만 대파값, 배춧값에 훨씬 더 예민하게 반응한다. 여야는 '정치의 주도권'을 잡고 싶다면, 먼저 '민생의 주도권'을 잡기 바란다.

8) 아무리 미워도 통크게 화해하고 통합하라

'미워도 다시 한 번'은 이제 옛말이다. 하물며 죽도록 미운 사람 심지어 자신을 죽이려고 했던 사람을 흔쾌히 용서할 수 있겠는가? 역대 대통령 중에서 정적에게 정치보복을 하지 않고 용서와 화해를 한 유일한 사람은 김대중이다. 다른 대통령들은 정치보복 논란으로부터 자유롭지 못한 게 사실이다. 세월이 흐를수록 김대중의 대화합-대통합 정치는 전무후무한 업적으로 기록될 것이 분명하다. 차기 대권주자들 가운데 마음 씀씀이가 바다처럼 넓고 시원시원한 '화합적-통합적 인간'이 있다고 생각하는가?

대통령이 되기 전부터 김대중은 대화합의 상징인 남아공의 만델라 대통령과 교류하며 한국의 넬슨 만델라를 꿈꾸었다. 그는 만델라가 27년간 감옥살이를 하고도 백인 권력자들을 모두 용서한 것을 재현하려는 듯, 정적과 탄압세력을 모두 용서하고 화해했다. 세계적으로도 보기 드문 대통합-대화합정치였다. 헌정 이래 통합정치가 있었지만 김대중처럼 파격적이고 전면적인 통합은 없었다. 김대중은 통합의 첫 단계로 용서를 강조했다. 1980년 그의 옥중일기 첫 주제도 용서였다. 그는 이렇게 말했다. "용서하는 것은 인간의 권리가 아니라 의무다. 따라서 용서가 큰 미덕이라기보다는 용서하지 않는 것이 큰 잘못이다. 우리 모두가 반드시 용서해야 하는 이유는 우리 모두가 반드시 용서받아야 할 존재이기 때문이다" 지금도 들어도 가슴에 와닿는다.

한때 자기를 죽이려고 했던 사람을 위해 기념관을 세운다는 것은 결로 쉬운 일이 아니다. 그런 점에서 김대중이 재임 중에 보여준 가장 극적인 용서와 화해와 통합의 상징은 '박정희 기념관 건립'이었다. 그는 지지자들의 거센 반대에도 불구하고 대선 공약으로 내세웠고, 당선된 후에는 박정희 기념관 건립추진위의 명예회장을 맡아 막대한 예산을 들여 착공토록 했다. 문재인은 이승만 기념관을 건립할 수 있겠는가? 윤석열은 노무현 기념관을 건립할 수 있겠는가? 둘 다 힘든 일이다. 그러나 김대중은 해냈다. 박정희 기념관은 서울 마포 상암동에 연면적 1,600여 평으로 3층의 규모의 건물이다. 김대중은 1999년 대통령에 당선되어 대구에 내려가 "박 대통령은 이제 역사 속에서 존경받는 지도자가 돼야 한다"면서 역사와의 화해가 우리 사회에 필요하다"고 말했다. 그는 박정희 대통령의 경제개발과 새마을정신, 그리고 '하면 된다'는 자신감 부여를 특별히 높게 평가했다. 이에 박근혜는 각별히 감사의 마음을 전했다. 2004년 박근혜는 퇴임한 김대중을 찾아가 "아버지 시절에 큰 피해를 보고 고생하신 것에 대해 딸로서 사과 말씀을 드린다"고 하자 김대중은 감격해 하며 "나를 죽이려고 했던 분의 따님께서 사과를 해주니 내가 구원을 받은 것 같다"고 화답했다. 감동적인 장면이었다. 김대중의 전두환-노태우 사면도 파격적인 대화합 조치였다. 전두환이 어떤 사람인가? 김대중에게 사형선고를 내리고 감옥에서 혹독한 고문까지 가하게 만든 장본인이다. 전두환은 훗날 "김대중 정부 시절이 제일 행복했다"고 말했다. 그러고 보면, 김대중 대통령은 박정희-박근혜-전두환-노태우 4명의 대통령과 대화합을 이룩해낸 셈이다. 그렇다면 이명박-박근혜-문재인-윤석열 4명의 대통령의 대화합은 언젠가 이루어질 수 있을까?

흔히 김대중의 통합정치 하면, 김대중+김종필인 DJP연합이라고 하지만, 실제로는 김대중+김종필+박태준인 DJT 연합이다. 충청도를 대표하는 김종필과 TK를 대표하는 박태준은 호남 지지기반인 DJ 정부에서 연달아 총리를 지냈다. 3공 박정희 정권의 두 기둥이 김대중 정부의 기둥이 된 것만 해도 획기적인 통합이었다. 또 있다. 5공 민정당의 창당 주역 중 한 사람이었던 이종찬에게 김대중 정부의 파워기관인 국정원을 맡겼고, 전두환 사단의 돌격대였던 권정달, 엄삼탁 등에게는 관변단체의 장으로 임명했는가 하면, 6공 노태우 정부의 정무수석을 지낸 김중권을 막강한 김대중 정부 청와대의 초대 비서실장으로 중용해 세상을 깜짝 놀라게 했다. 아울러 YS정부의 통일정책을 주도했던 정세현을 통일부장관으로 발탁해 5년 내내 대북정책을 맡겼다. 이름만 들어도 금방 알 수 있는 3공, 5공, 6공, YS정부의 간판 스타들이 대거 DJ정부에 참여해 얼굴마담이 아니라 실력자로서 막강한 영향력을 발휘했다. 헌정 이래 최초로 수평적 정권교체를 이루었다고 자부한 김대중 정부가 국무총리-청와대 비서실장-국정원장의 3대 요직을 모두 보수진영에 넘겨준 셈이다. 세상에 그 어떤 권력자가 권력의 3대 축을 모조리 외부인에게 내주겠는가? 전무후무한 통합정치가 아닐 수 없다. 이런 일은 차기 정부와 차차기 정부에서도 두 번 다시 일어나기 힘들 것이다.

헌정 이래 가장 많은 여야 영수회담을 가진 신기록을 가진 사람도 김대중이다. 그는 재임 중에 무려 8번의 영수회담을 갖고 여야 협치를 위해 노력했다. 당시 이회창 신한국당 총재는 자존심이 세고 자기주장이 강한 사람이었지만 두 사람이 자주 만나다 보니 협상의 여지가 갈수록 넓어졌다. 김대중이 임기동안 최악의 여건 속에서 많은 업적을 쌓은 데에는 이회창의 협치도 나름대로 기여한 셈이다. 당시 영수회담이 열리는 과정을 방식을

지혜의 지배자 김대중

윤석열 대통령과 이재명 대표가 참고하면 도움이 되리라 본다. 영수회담은 복잡한 문제를 쉽고 빠르게 푸는 지름길이며, 서로 도움이 되는 윈-윈 게임이다. 이는 대통령과 집권당 대표와의 독대도 마찬가지다.

김대중의 통합이 더욱 특별한 이유는 일시적인 통합인사를 뛰어넘어 장기적인 정책통합, 이념통합, 동서통합, 국론통합, 남북통합, 글로벌통합 등 다방면으로 확대되었다는 점이다. 요컨대, DJ의 통합은 전방위 통합이었다. 오늘날 여야가 정파를 초월해 가장 눈여겨 보아야 할 김대중의 업적 가운데 하나는 '과감한 통합'이다. 그게 어렵다면 최소한의 통합이나 탕평 정도는 이루어져야 한다. 통합의 지도자인 김대중에게도 내부 분열과 갈등이 있었다 당내 비주류 진영은 세대교체론과 새인물론을 내세우며 김대중을 거세게 몰아붙이기도 했다. 그러나 김대중은 이들을 상대로 절대 분노하거나 과민 반응하지 않고 때로는 포용하고 때로는 정면 돌파해 나갔다. 당시와 비교하면 지금 대한민국 정치는 전쟁터의 육탄전이나 다름없다. 여야 협치가 오랫동안 실종된 상태에서 과감하고도 파격적인 김대중의 대통합-대화합정치가 새삼 돋보인다.

9) 롤모델 & 멘토의 가르침을 열심히 따라하라

당신에게 롤모델이나 멘토가 있는가? 만약 있다면 닮으려고 적극적으로 노력하기 바란다. 아마 김대중처럼 악착같이 롤모델을 닮으려고 노력했던 사람도 드물 것이다. 그는 롤모델이 미국의 루스벨트 대통령과 넬슨 만델라 남아공 대통령이라고 내세우지는 않았지만, 그들을 보고 배우려고 무진 애를 썼다. 롤모델(Role model)은 말 그대로 '역할을 본받고 따라하고 싶은 대상'을 말한다. 윤석열 대통령의 롤모델은 배짱두둑한 윈스턴 처칠이라고 한다. 차기 대권주자들의 롤모델은 누구인지 궁금하다.

　누군가의 롤모델을 보면, 이미 자신과 닮은 사람인 경우가 많다. 어쩌면 그런 닮은 점 때문에 롤모델로 삼았고, 더욱 완벽하게 닮고 싶어하는지 모른다. 김대중은 루스벨트와 닮은 점이 한두가지가 아니다. 두 사람은 젊은 시절 잘 생긴 미남인 점, 후천적으로 하반신이 불편한 장애인이라는 점, 진보적인 성향이 강한 점, 대중연설을 좋아했던 점, 정치보다 경제를 더 중시한 점, 그리고 영부인들의 정책능력이 뛰어난 점까지 닮았다. 김대중이 루스벨트에게 가장 닮고 싶었던 것은 '탁월한 소통능력' 즉 '대국민 소통을 통해 국민들의 마음을 사로잡는 법'이었다. 루스벨트 대통령은 1930, 40년대 전대미문의 경제대공황과 2차 세계대전을 맞이하자 '노변정담', '대국민 기자회견', '편지 정치' 같은 다양한 방식으로 자국민들과 끊임없이 소통하며 국민적 역량을 하나로 결집하여 극복해냈다. 김대중 대통령이 IMF 극복과정에서 보여준 대국민 호소와 금모으기 국민운동, 국민과의 대화, 대국민 기자회견 등은 모두 루스벨트를 정교하게 본받은 결과였다. 당시 청와대 정책기획수석실에서 근무하면서 루스벨트 관련 사례를 자주 보고했던 기억이 난다. 롤모델은 멀리서 벤치마킹하는 대상이 아니라 근거리에서 적극적으로 동일시하는 대상이라는 것을 김대중이 보여주었다.

지혜의 지배자 김대중

동시대의 롤모델인 넬슨 만델라와도 김대중은 닮은 점이 많다. 지식인의 아들로 태어나 이름을 바꾼 점, 학창시절 공부를 잘했고 장거리 경주에 소질이 있었던 점, 젊은 시절 쫓겨다니며 고생한 점, 차별정책에 반대하며 반정부 투쟁을 전개한 점, 장기간 투옥생활을 하며 온갖 수난을 당한 점, 그리고 70대 중반의 나이에 대통령이 된 점과 노벨평화상을 수상한 점도 똑같다. 만델라는 27년간의 감옥생활을 마치고 1994년 76세의 나이에 남아공의 대통령이 되었다. 김대중-만델라 두 사람은 동병상련이라 가깝게 지냈다. 1997년 12월 대선 때 만델라는 딸을 한국에 보내 김대중 후보에게 자신이 27년 동안 교도소에서 차고 있었던 손목시계를 선물했다. 그런 만델라에게 김대중이 가장 배우고 싶었던 것은 '상상을 초월하는 파격적인 대화합-대통합'이었다. 만델라는 자신을 탄압했던 보타 전 대통령을 비롯해서 백인 정권 사람들을 거의 완벽하게 용서했다. 훗날 김대중이 전두환-노태우 전 대통령 등 정적들을 사면하고 과거 독재정권에 앞장섰던 사람들을 파격적으로 용서하고 화해한 것은 모두 '만델라 모델'이었다. 한 지도자의 롤모델이 얼마나 중요한 역할을 하는지를 여실히 보여준 사례였다. 롤모델이 앞으로 '닮고 싶은 대상'이라면, 멘토(Mentor)는 지금 '근거리에서 조언해주고 지도해주는 사람'이다. 그게 부모일 수도 있고 선배나 동료, 참모일 수도 있다. 김대중은 본인의 경륜과 지적 능력이 워낙 뛰어났기 때문인지 따로 '멘토'라고 부를 만한 사람은 없었지만, 누구든지 필요하면 멘토처럼 조언과 도움을 구했다.

윤석열 대통령은 롤모델인 윈스턴 처칠을 닮기 위해 어떤 노력을 하고 있을까? 두 사람은 육중한 체구와 두둑한 배짱, 낙천적인 성격, 자유민주주의 신봉자라는 점이 닮았다. 윤대통령은 처칠이 나치와의 타협에 응하지 않고 국민들을 설득해 자유민주주의를 지켰다는 점을 높이 평가했다. 한동훈 대표도 2023년 국민의힘 비상대책위원장 취임식에서 처칠의 연설을 인용하며 "공포는 반응이고 용기는 결심이다"고 말했다. 야당의 폭주에 겁먹지 말고 용기를 내어 대응해 나가자는 취지의 발언이었다. 지금 우리에게 필요한 것은 '처칠의 배짱'이 아니라 '처칠의 용기'가 아닐까 한다. 국민을 위해 모든 것을 내던질 수 있는 헌신적인 용기 말이다. 예나 지금이나 대통령이 잘못된 방향으로 갈 때는 곁에서 바로잡고 쓴소리를 해줄 수 있는 멘토가 필요하다. 지금 윤 대통령의 멘토가 보이지 않는다. 아버지 윤기중 연세대 명예교수가 생존해 있을 때는 그가 제1멘토라고 말했지만 지금 이 세상에 없다. 만약 경제학자로서 엄격함과 제자들과 허물없이 지내는 소탈함을 동시에 갖고 있었던 아버지가 생존해 있다면 아들에게 어떤 조언을 해줄까? 멘토의 사명은 직언이다. 엄중한 시기에 정치현실을 직시하고 사심 없이 직언을 해줄 수 있는 '진정한 멘토'가 어느 때보다 절실해 보인다.

10) 남보다 먼저 시대정신을 간파하고 부응하라

대통령이든 차기 대권주자든 CEO든 아무리 잘나고 똑똑해도 시대정신을 제대로 읽지 못하면 허탕이다. 반대로 못나고 어리숙해도 시대정신을 잘 읽으면 우뚝 설 수 있다. 우리나라 역대 대통령을 보면, 한결같이 시대정신을 잘 읽은 덕분에 권력을 잡았다. 시대정신을 잘 못 읽었는데도 권력을 잡은 사람은 아무도 없다. 김대중도 불리한 여건 속에서도 '부드럽고 친근한 경제지도자'를 원하는 시대정신을 제대로 읽은 덕분에 승리했고, 이회창은 유리한 여건 속에서도 시대정신과는 달리 '딱딱하고 거리감을 주는 법률가형 지도자'의 모습을 보여주어 패배했다.

시대정신이란 그 시기마다 대중들이 원하는 지도자상(像)을 말한다. 대중들은 어떤 때는 '강한 지도자'를 원하고 어떤 때는 '부드러운 지도자'를 원한다. 또 어떤 때는 '활발한 개혁가형 지도자'를 원하고 어떤 때는 '조용한 통합형 지도자'를 원한다. 이런 흐름을 제대로 읽고 거기에 부응해야 한다. 세계적인 정치심리학자인 제임스 바버(J.Barber)는 미국 대선 때마다 일정한 주기로 대중이 원하는 지도자상이 달라진다는 '박동이론'을 제시했다. 나도 한국 대선 때마다 성격유형에 따라서 국민이 원하는 지도자상이 일정한 주기로 반복되는 '파도이론'을 제시해오고 있다. 대통령과 차기 주자들이 시대정신을 제대로 읽지 못하면 민심과 동떨어진 방향으로 가게 된다. 특이한 점은 정치경험이 많은 백전노장일수록 시대정신을 제대로 읽지 못한다는 것이다. 이들은 눈에 보이는 기존의 정치상황에 익숙한 탓에 눈에 보이지 않는 민심의 도도한 흐름을 가볍게 여기는 우를 범하곤 한다. 즉, 과거의 정치공학에 매몰되어 새로운 정치심리학의 원리를 간과하는 것이다.

요즘 시대는 소수의 권력자가 아니라 다수의 대중들이 국가적인 흐름을 좌지우지하는 대중주도시대다. 대중들은 저마다 최첨단 레이저무기보다 더 무서운 '핸드폰'을 보유하고 있다. 이런 시대에는 자금력이나 조직력보다 시대정신 즉 민심의 흐름과 속성을 정확히 읽는 것이 그 무엇보다 중요하다. 대통령이나 차기 대권주자들은 기업의 방향성과 고객 트렌드, 제품의 유행을 분석해 보면 시대흐름 읽기에 도움이 될 것이다. 아무쪼록 정치지도자들이 시대정신을 제대로 간파하고 확실히 부응하기를 바란다.

지혜의 지배자 김대중

제5장

내가 만난 따뜻한 지도자 김대중

내가 만난 따뜻한 지도자 김대중

여기서는 내가 20여 년간 만나왔던 인간 김대중에 대한 소회를 간략히 말씀드리고자 한다. 따뜻한 커피 한 잔 마시며 주고받는 정담(情談)으로 들어주시면 감사하겠다.

언제든지 김대중과 독대할 수 있었던 비결

내 마음속 깊은 곳에는 '뿌듯한 자부심' 하나가 있다. 그것은 내가 오랜 세월 김대중 대통령에게 면담을 요청했을 때 한 번도 거절당한 적이 없었다는 사실이다. 그렇다고 내가 무작정 면담을 청한 것은 아니다. 반드시 필요하다고 판단될 때에만 조심스럽게 청했다. 청와대 안가와 집무실, 동교동 자택, 일산 아파트, 아태재단 집무실, 여의도 63 빌딩 중식당, 외백, 서교호텔 일식당, 호텔 커피숍, 마포 한식당...1998년 2월 취임식 며칠 전에는 청와대 근처에 있는 당선자 안가에서 만나기도 했다. 한번은 동교동 거실에서 커튼을 친 채 단 둘이 한 시간가량 대화를 나누고 나와보니 밖에 방문객 30여 명이 기다리고 있어서 깜짝 놀란 적도 있었다. 대선 때는 전국을 함께 누비고 다녔고, 유럽과 러시아 등 해외에서 틈틈이 대화를 나눈 적도 많았다. 1992년 12월 대선에서 패배하고 영국으로 떠나 캠브리지대학교 근처에서 머물 때도 나는 '외부인'으로는 최초로 그곳을 방문해 긴 시간 대화를 나누었고, 며칠 후 포르투갈에서 다시 만나 더 많은 대화를 나누며 평생 잊지 못할 추억을 만들었다.

내가 여러 가지로 부족한 점이 많음에도 불구하고 김대중을 오랜 세월에 걸쳐 독대할 수 있었던 데는 나름대로 비결이 있었다. 첫 번째는 철저한 사전준비였다. 나는 김대중을 만나기 전에 미리 대화 주제를 알려드린 다음에 철두철미하게 준비했다. 예컨대, 정계개편 문제가 주제면 국내외 사례들을 철저하게 분석·연구했고, 면담 시간이 30분 정도면, 최소 3일 이상은 밤새워 준비했다. 웬만한 사람들은 아무리 김대중이라고 해도 30분 만나는 데 3일씩 밤새워 준비하지 않는다. 나는 힘들었지만 특정 주제에 대해 철저하게 공부한 후에 면담을 하니 천하의 김대중과 대화가 가능했고 다음 약속이 가능했다. 면담 때는 절대 빈손으로 가지 않고 요약한 보고서를 함께 보면서 대화를 나누었다. 두 번째는 대안 제시였다. 한번은 김대중이 나와 대화를 마친 뒤 "중요한 이슈를 잘 분석하고 비판하는 것도 중요하지만 대안을 제시하는 것이 더 중요하다"고 조언해주었다. 순간 큰 울림으로 다가왔다. 누구나 분석과 비판은 할 수 있지만 대안을 제시하기는 쉽지 않다. 그때부터 나는 올바른 대안제시에 역점을 두었다. 막상 대안을 제시하려고 하니 그것이 얼마나 중요하고 어려운지를 절감하고 있다. 세 번째는 상대방 중심주의였다. 어느 날 김대중은 나에게 "대안을 제시하는 것도 중요하지만 그 사람과 상황에 맞는 대안을 제시해야 한다"며 가르침을 주었다. 일반적인 대안 제시-자기중심적인 대안제시가 아니라 맞춤형 대안제시-상대방 중심적인 대안제시가 더 중요하다는 얘기다.

위의 세 가지 교훈을 얻는 과정에서 내가 스스로 지켰던 원칙 은 '철저한 보안'이었다. '거목 김대중'과의 만남을 동네방네 자 랑하고 싶은 생각이 굴뚝같았지만 꾹꾹 눌러 참고 가슴속에 묻 어두었다. 요즘 정치권에서 보안 유지는 옛 이야기가 되었다. 요즘은 권력자들과 주고받은 문자메시지나 녹취록이 언제 튀어 나올지 모르는 불신의 사회다. 나는 무언의 약속을 잘 지킨 덕 분에 김대중으로부터 각별한 신뢰를 받았다고 생각한다. 그때 김대중이 내게 주었던 3가지 교훈을 지금도 깊이 간직하고 실행 하고 있다. "매사에 철저히 준비하라!" "반드시 대안을 제시하 라!" "상대방 위주의 대안을 제시하라!"

이제야 공개하는 김대중의 훈훈한 비화

여기서 나는 정치적으로 예민한 이야기를 공개할 생각은 없 다. 책 홍보에는 도움이 될지 모르겠지만 여러분에게 별 도움이 되지 않을 것이다. 오히려 소소하지만 의미 있는 뒷이야기가 김 대중의 인간적 면모를 아는 데 더 도움이 되리라고 생각한다.

김대중의 호칭 습관 : 김대중은 아무리 가까운 사람일지라도 "길동아!"라고 편하게 부르거나 반말을 하지 않는다. 반대로 아무리 가까운 선배라고 해도 "형님!"이나 "선배님"이라고 부르지 않는다. 이는 아무리 막역한 사이일지라도 절대 가볍게 대하지 않는다는 뜻이기도 하다. 그는 수십년간 생사고락을 함께 해온 정치적 동지들에게도 반드시 이름 뒤에 '동지'를 붙이거나 직함을 부른다. 젊은 시절에 김대중에게 '형님'이라고 불렀던 극소수 최측근들이 있었지만 나중에는 '총재님'이라고 바꿔 부르지 않을 수 없었다. 김대중은 그렇게 남을 함부로 대하지 않으니 남도 그를 함부로 대할 수가 없었다. 이는 김대중의 엄격한 자기관리인 동시에 카리스마적인 대인관계술이기도 했다.

나홀로 목욕 : 대중 정치인이지만 대중목욕탕을 이용하지 않는다. 김대중과 수십년간 생사고락을 함께 해온 동교동 사람들도 그와 함께 대중목욕탕에 가보았다는 사람을 보지 못했다. 고급 사우나는 더더욱 가지 않는다. 오직 집에 있는 욕실만 사용한다. 그때도 혼자 씻는다. 간혹 비서들이 등을 밀어줄 때도 반드시 팬티를 입은 상태에서 한다. 목욕 시간은 보통 30~40분 정도. 김대중은 나이에 비해 의외로 속살이 하얗고 부드러워서 비누거품을 많이 묻힌 타월로 몇 번만 문질러도 말끔해진다. 비서가 때를 밀어줄 때는 모처럼 사적인 정담을 나눈다. 어떤 공부를 하고 있으며, 무슨 책을 읽고 있는지 등을 물어보고 훗날을 대비해서 자기만의 뭔가를 해야 한다고 조언해준다. 어찌보면, 김대중으로서는 가장 편안한 시간이요, 비서로서는 가장 불편한 시간이기도 하다. 여기에 비하면 노무현은 정반대 스타일

지혜의 지배자 김대중

이다. 스스럼 없이 대중목욕탕에 가고 당선자 시절에도 여의도에 있는 사우나에 나타나 거울을 보고 섀도우 복싱을 할 정도로 경쾌한 스타일이다. 김대중-노무현 두 사람의 차이는 목욕탕에서도 여실히 나타난다. 카리스마적 지도자인 김대중의 철저한 자기관리를 떠올리게 한다.

담배, 커피, 껌 : 젊은 시절 멋쟁이 애연가였던 김대중은 멋진 양복차림에 파이프 담배를 입에 물고 담배연기를 길게 내뿜곤 했다. 때로는 거의 온종일 피우기도 했다. 그런 그가 전두환 정권 초기에 감옥생활을 하면서 본의 아니게 담배를 끊을 수밖에 없었고, 출옥하면 다시 피우곤 했다. 그러다가 신병 치료차 미국에 갔을 때 담배는 반드시 지정된 흡연장소에서만 피워야만 했는데, 남의 눈치 보면서 담배 피우는 모습이 자존심도 상하고 보기도 좋지 않아 그때부터 완전히 끊었다. 귀국한 후에는 참모나 비서들이 근처에서 담배 피우는 것을 매우 싫어했다. 냄새가 심하게 날 때는 "썩은 냄새가 나는 담배를 왜 피우는지 모르겠다"고 핀잔을 주기도 했다. 이 때문에 그를 만나려는 사람들은 미리 껌을 씹거나 양치질을 했다. 김대중은 담배를 끊은 대신 커피를 즐겨 마셨다. 티스푼으로 커피 3, 설탕 3, 프림 3의 비율로 달달하게 마셨다. 한강가 워커힐호텔 옆 방갈로에 머물며 DJP 연합을 극비리에 추진할 때는 하루에 10잔 이상 커피를 마시기도 했다. 그러나 보니 잠을 설쳤다. 고민 끝에 커피 대신 커피껌을 씹기로 했다. 말하자면, 담배도 커피도 끊고 커피껌으로 대체한 것이다. 이 또한 철저한 건강관리요 자기관리의 일환이었다.

주량과 음주 스타일 : 김대중은 체질적으로 술을 좋아하거나 많이 마시는 타입이 아니다. 술이 있는 공사석에 함께 한 적이 많았지만 술을 마시는 것을 본 적이 없다. 해외에서 가볍게 한두잔 할 법도 했지만 전혀 입에 대지 않았다. 다만, 특별히 좋아하는 홍어나 생선요리가 나올 때는 청와대 관저에서 복분자 같은 가벼운 약주를 이희호 여사와 함께 두세잔 정도는 마셨다. 술이라기보다는 음식을 맛있게 먹기 위해서 반주를 곁들인 것이다. 그런 김대중이 못마시는 술을 억지로 마시다가 죽을 고비를 넘긴 적도 있었다. 과거 97년 대선을 앞두고 기자들과 가진 만찬에서 기자들이 폭탄주를 강권해서 억지로 한잔 마셨다가 혼절해 난리가 난 적이 있었다. 비서들이 황급히 달려들어 응급처치를 하고 병원으로 재빨리 이동한 덕분에 별 탈은 없었다. 하마터면 폭탄주 한잔 때문에 대한민국 역사가 바뀔 뻔 했다.

양복과 넥타이 : 정치지도자에게 옷차림은 매우 중요하다. 김대중은 야당 시절에는 젊은 여비서가, 청와대에 입성한 후에는 코디 전담 여직원이 매일 입을 옷과 넥타이를 챙겼다. 청와대 관저에서 대통령의 일정이 아침 8시경부터 시작하면, 코디 담당자는 그전에 일찍 와서 준비해놓는다. 코디의 원칙은 멋있고 젊어 보이는 것이 아니라 그날그날 참석하는 행사 콘셉트에 맞아야 한다. 5.18 행사나 4.3 행사에 밝고 화사한 차림을 할 수 없지 않은가? 김대중의 체격은 좀 큰 편이지만 상대적으로 팔은 짧은 편이기 때문에 기성복은 입기 어려워 맞춤옷을 입었다. 국민을 위하는 지도자는 옷차림새도 자기 자신이 아니라 국민에게 포커스를 맞춘다.

지혜의 지배자 김대중

돈 씀씀이 & 돈 철학 : 오래전부터 정치권에는 '김영삼은 돈을 줄 때 지갑에서 잡히는 대로 쑥 빼서 주지만, 김대중은 뒤돌아서서 지갑에서 일일이 세어본 다음에 준다'는 말이 있었다. 이는 사실이지만 그럴 수밖에 없었다. 김대중은 꼼꼼한 성격인데다, 거제도 갑부인 아버지가 도와주는 김영삼에 비해 경제사정이 현저히 열악했기 때문이다. 내가 포르투갈에서 만났을 때도 뒤로 돌아서더니 허리춤에서 약간의 달러를 꺼내 손에 쥐어주었다. 정 많은 시골 할아버지가 쌈짓돈주는 느낌이었다. 여기서 중요한 김대중의 돈 철학이 하나 있다. 진심으로 신뢰하고 능력을 믿는 사람에게는 돈을 잘 주지 않았지만, 필요에 의해 활용하는 사람에게는 합당한 돈을 주었다는 사실이다. 훗날 대통령이 되었을 때 청와대에 입성한 사람들은 대부분 돈을 받지 않은 사람들이었다.

매운 것을 좋아하는 대식가[18] : 자타가 공인하는 대식가였던 김대중은 음식양이 많은 중국요리와 한정식을 좋아한다. 나는 해외에서 그와 식사를 할 때도 테이블 위에 수북이 놓여있던 많은 음식들을 남김없이 먹는 모습을 여러 번 보았다. 음식이 부족하면 나중에 간식을 먹었다. 나는 김대중을 만날 때마다 열심히 말하느라 제대로 음식을 먹지 못했지만, 그는 아랑곳하지 않고 잘 먹었다. 김대중은 맵고 자극적인 음식을 좋아했다. 톡쏘는 홍어를 비롯해서 생선매운탕을 즐겨 먹었다. 홍어를 먹을 때는 삼합이나 삭힌 홍어보다는 날로 먹는 활홍어회를 선호했다. 설렁탕을 먹을 때는 깍두기를 듬뿍 넣어 얼큰하게 마무리했

---

18) 최진, <권력자의 심리를 묻다>(2019, 지식의숲) 김대중편 참조

다. 미국의 세계적인 음식전문가이자 의사인 앨런 허슈 박사에 의하면, 내향적인 사람은 맵고 짠 음식을 좋아하는 대식가인 경우가 많다는 이론을 내놓아 주목을 받았는데, 김대중이 그랬다.

　# 김대중의 성형수술 : 97년 12월 대선을 불과 두달 앞두고 김대중은 눈밑 지방제거수술을 받기로 했다. 나의 제안을 수용한 것이다. 마지막이 될 대선에서 젊은층 표심을 흡수하기 위해 양쪽 눈밑 지방을 제거하여 눈이 좀 더 크게 보이고 전체적으로 젊게 보이기 위함이었다. 첨단 레이저 시술을 한 후에 1~2시간 정도 후면 정상 활동이 가능하다는 게 병원측 얘기였다. 어느 날 아침 7시경 여의도 국회정문 맞은 편 건물 지하식당에서 김대중과 나는 우거지설렁탕을 먹으며 시술 날짜를 조율했다. 그때 김대중은 시술을 하지 않기로 최종 결론을 내렸다. 병원이 지방에 있는 데다 자칫 정보가 새어나갈 경우 역풍을 맞을 수 있다는 우려 때문이었다. 결과적으로 시술을 하지 않기로 한 김대중의 선택이 옳았다고 본다. 모든 것이 절박했던 시기에 나온 해프닝이었다.

　# 러시아의 라면 파동 : 김대중이 단팥빵, 호떡, 아이스크림, 옥수수 같은 군것질을 좋아하고 라면을 즐겨 먹는다는 건 널리 알려져 있다. 그러나 대통령이 된 뒤에는 이희호 여사가 건강을 염려하여 군것질과 라면 금지령을 내렸다. 그가 야당 시절부터 라면을 얼마나 좋아했는지 보여주는 사건 하나가 있다. 1991년 9월 김대중은 모스크바국립외교아카데미에서 정치학 박사학위를 받으러 러시아를 방문한 적이 있다. 나도 동행했다. 당시 꽤

많은 라면을 러시아로 가져갔다. 그런데 어느 날 라면이 몽땅 사라져버렸다. 지금도 그 라면이 왜 어디로 사라졌는지 밝혀지지 않았지만 내막을 짐작할 뿐이다. 김대중의 인간적이고 서민적인 모습을 보여주는 '러시아 라면 실종사건'이었다.

악수할 때 : 김대중은 사람들과 악수할 때 손에 힘을 주지 않는다. 지그시 잡기 때문에 어떤 사람은 손에서 따뜻한 진심이 덜 느껴진다고 말하기도 한다. 그러나 하루에도 수많은 사람들과 악수를 해야 하는 김대중의 입장에서 보면 이해할만도 하다. 대신 부인 이희호 여사는 악수할 때 손에 힘을 꽉 준다. 나이든 영부인이라 별 생각 없이 악수했다가 순간적으로 악력이 느껴져 깜짝 놀랐다고 말하는 사람이 적지 않다. 악수 한번에도 감정이 오고가는 것이 인간의 심리다.

아부냐, 칭찬이냐 : 일산 아파트에서 살던 시절에 김대중은 근처에 있는 작은 산으로 산책을 가곤 했다. 나는 김대중에게 그 산이 'DJ의 산행'으로 꽤 유명해졌다고 아부성 발언을 했다. 가만히 듣고 있던 그는 나에게 혹시 그 산 이름을 아느냐고 물었다. 나는 순간 당황했지만 '정발산'이라고 대답했다. 김대중이 나에게 산 이름을 물어본 이유는 내가 아무것도 모르고 아부를 하는지 뭔가를 알고 칭찬하는지를 슬쩍 파악해본 것이라고 생각한다. 그는 매사에 간단치 않은 사람이었다.

식사 도중에 졸 때 : 신촌 연세대 근처의 갈비집에서 오찬을 마치고 대화를 나누었다. 단 둘이 서로 마주보고 앉아 있었

다. 봄 날씨에 포만감 때문인지 김대중은 대화 도중에도 눈을 지그시 감고 조는 듯했다. 내가 열심히 이야기를 하는데도 아무런 반응이 없었다. 내가 탁자를 톡톡 두드리며 기척을 냈더니 그때서야 눈을 뜨며 말했다. "듣고 있으니 계속 얘기해 봐요" 조는 순간에도 한치 흐트러짐 없던 모습이 지금도 생생하다.

김대중 일대기 한미 합작영화 : 김대중이 대통령에 취임한 직후인 1998년 3월 미국의 유명 영화제작자로부터 "최고의 DJ 영화를 만들자"는 제안이 들어왔다. 국내에서 이름 석자만 들어도 금방 알만한 유명 영화감독이 어느 날 청와대로 나를 찾아왔다. 그는 김대중의 하의도 섬생활과 야당 투쟁시절과 취임 상황까지 일대기를 영화로 만든다는 계획을 밝히며 총제작비 350억 원 가운데 절반을 한국측에서 부담하면 어떠냐고 물었다. 김대중 정부 출범에 대한 국민적 열기가 뜨거운 상황에서 한국과 미국의 유명 영화감독과 제작자가 공동으로 김대중 일대기를 제작한다면 그 자체가 빅뉴스였고 경사스러운 일이었다. 그러나 나는 이 제안을 거절하기로 했다. IMF 사태로 온 국민이 고통을 받고 있는 시점에 영화제작비를 어떻게 마련하며, 설사 마련한다고 해도 김대중 우상화 논란에 휩싸일 수 있다는 판단 때문이었다. 아마 역대 정권이 들어설 때마다 이런 형태의 그럴듯한 제안이 쏟아져 들어올 것이다. 이를 잘 선별해내는 것도 대통령과 참모들의 능력이요 지혜라는 생각이 든다.

영국 참새 : 영국에서 매일 아침 집 베란다에 날아오는 참새처럼 생긴 새들에게 DJ는 모이를 주었다. 1993년에 내가 그

지혜의 지배자 김대중

곳을 방문했을 때도 그 새들은 베란다에 나타나 김대중이 주는 모이를 주워먹고 있었다. 그런데 그 새들은 가슴에 빨간색의 줄무늬가 있었다. 김대중은 그 새들에 대해 나에게 설명해주었다. 그 새들은 '로빈'이라는 이름의 새였고, 예수님이 십자가에 못박혀 돌아가실 때 옆에서 지켜보다가 예수님의 손에서 피가 튀어서 새의 가슴에 묻었다는 것이다. 김대중은 이 성스러운 새를 한마리 잡아서 한국으로 데리고 가면 여러 가지 의미가 있겠다는 생각도 해보았지만 그것은 인간의 욕심일 뿐이라고 판단해 그만두었다고 한다.

포르투갈의 인연 : 포르투갈의 수도 리스본에서 차로 1시간 가량 달리면 신트라라는 작은 시골마을이 나온다. 이곳에서 김대중을 비롯한 한물간 옛 정치지도자들 30여 명이 국제평화에 대해 토론하는 모임이 있었다. 나는 그곳을 홀로 찾아갔다. 김대중은 깜짝 놀라며 "어떻게 여기까지 왔느냐?"고 말하면서도 반가워했다. 그는 나에게 둔켈 GATT 사무총장을 비롯해서 참석한 국제 지도자들을 일일이 소개해 주어서 악수를 나누었던 기억이 난다. 김대중은 나를 비롯해서 5명의 국제 지도자들과 함께 원탁에 앉아 점심식사를 했다. 우리나라의 족발처럼 생긴 음식이 너무 짜서 나는 입에 대지도 못했지만 김대중은 순식간에 해치웠다. 대식가다웠다. 김대중은 국내에서도 갈비탕이나 국밥을 먹을 때는 뼈에 붙은 살까지 이리저리 돌려가며 말끔히 발라먹은 다음, 깍두기 국물을 넣어 그릇을 들고 훌훌 바닥까지 비운다. 멀고 먼 나라 포르투칼에서의 만남은 나와 김대중 대통령이 마음을 활짝 열고 신뢰를 갖게 된 결정적인 계기였다.

김대중의 노래실력 : 당신은 김대중이 직접 노래를 부르는 모습을 본 적이 있는가? 아마 없을 것이다. 노래를 듣는 것은 좋아하지만 잘 부르지는 못하기 때문이다. 그런 김대중이었지만 1990년 영광-함평 보궐선거 때 영남 출신의 이수인 후보를 공천한 데 대해 지역민들의 불만이 수그러들지 않자 김대중 총재는 트럭을 타고 시골동네를 구석구석 돌며 〈고향의 봄〉을 불렀다. "나의 살던 고향은 꽃피는 산골 복숭아꽃 살구꽃 아기 진달래..." 나도 그 트럭 위에 있었는데 'DJ가 음악과는 참 거리가 멀구나'라는 생각이 들었다. 그러나 서투른 노래가 오히려 지역민들에게 "오죽하면 김대중 선생이 노래까지 부르겠냐?"라는 동정심을 유발해 결국 선거에서 이겼다. 비록 오래전의 일이지만 절박한 상황에서 유권자의 마음을 돌리려고 진땀을 뻘뻘 흘리며 못부르는 노래를 목청껏 부르던 모습이 생생하다.

김대중이 분재를 싫어하는 이유 : 꽃과 화초를 유달리 좋아했던 김대중은 묘하게도 분재는 좋아하지 않았다. 아무리 아름답고 값비싼 분재도 거들떠보지 않았다. 왜 그럴까? 분재는 살아있는 생명체인데 철사나 끈 같은 것으로 묶고 뒤틀어 고통을 주기 때문이라고 한다. 놀라운 김대중의 분재관(觀)이 아닐 수 없다. 그래서 소나무, 매화, 동백나무 같은 분재가 들어오면 비서나 주변에 나눠주거나 알아서 처분하라고 한다. 김대중은 동교동 자택 정원에 온갖 화초를 가꾸었고, 일산아파트 발코니에도 동양란, 서양란같은 꽃을 재배했다. 그런데 김대중이 관리하는 꽃들은 잘 자라는데 비서들이 관리하는 꽃은 금방 죽어버렸다. 어느 날 김대중은 화초를 담당하는 비서에게 말했다. "꽃은

지혜의 지배자 김대중

거짓말을 하지 않는다. 정성을 들인 만큼 그대로 아름다움을 보여준다. 정성을 들이지 않기 때문에 시들어 죽어버린다. 그리고 꽃이 피고난 후 시들면 과감하게 꽃잎을 떼어내라. 그래야 그 자리에서 새로운 꽃망울이 나온다. 모든 생물체는 아픔을 겪으며 성장한다" 꽃이나 사람이나 '정성'이 들어가야 한다는 중요한 교훈이었다.

동교동 진돗개 사건 : 평소 〈동물의 왕국〉을 즐겨 보는 김대중은 동교동 사저에서 진돗개를 키웠다. 그 진돗개는 사납고 힘이 세서 김대중 외에 다른 사람은 얼씬도 못하게 했다. 어느 날 비서가 밥을 주려고 하자 그 진돗개는 이빨을 드러내며 달려들었다. 이 모습을 곁에서 지켜보던 김대중은 말했다. "사람과 개도 교감이 중요하다. 빨리 가까워져야 한다. 밥과 간식을 자주 주고 눈맞춤을 많이 하는 것이 가장 좋은 방법이다" 김대중이 얼마나 동물을 사랑하고 동물들의 속성을 잘 꿰뚫고 있는지를 말해주는 대목이다.

나의 운명 : 내 아내의 이름은 '박정희'다. 정치와 전혀 무관한 일을 하는 아내지만 이름만큼은 대단히 정치적이다. 내 첫 아이의 생일은 공교롭게도 5월 16일 '5.16'이다. 그날 병원에서 의사가 나에게 "박정희가 5.16에 아이를 낳았네요!"라고 말해서 함께 웃었던 기억이 난다. 더욱 공교로운 것은 아내의 여고시절 수학선생 이름이 '김대중'이었다. 당시 김대중 선생은 수업 시간 때마다 아내에게 "너는 나를 왜 그렇게 괴롭히냐?"고 야단 아닌 야단(?)을 쳤다고 한다. 이런 얘기를 내가 김대중에게 직접 했

더니 한참을 소리내여 웃더니 그 자리에서 곧바로 먹을 갈아서 붓글씨를 써주었다. '실사구시(實事求是)'라는 글자 옆에 '최진-박정희'라고 나란히 써주었다. 이런 얘기를 박근혜에게 했더니 한참을 깔깔 웃더니 곧 편지를 보내왔다. '최진 박사의 대통령 리더십 연구를 높이 평가하며 앞으로 대한민국 정치발전을 위해 더욱 매진해주기를 바란다'는 내용이었다. 세월이 흘러 요즘 아내와 장모가 종종 연락하고 지내고 있는 교회의 목사 이름이 '전두환'이다. 세상에 하고 많은 이름 중에 '전두환 목사님'이다. 우리는 전두환 목사님을 부를 때 이름은 빼고 '전 목사님'이라고 부른다. 하나 더 추가하면 내 아들 같은 조카의 생일이 4월 19일, 4.19다. 그래서 어릴 때부터 조카의 애칭이 '일구'였다. 나는 요즘 이승만 리더십에 대한 책을 집필하고 있다. 그러고 보면, 내가 대한민국 역대 대통령을 연구하는 것은 거부할 수 없는 운명이라는 생각이 든다.

지금 우리 대통령은 후대를 위해서 어떤 소소하고도 아름다운 미담들을 남기고 있을까? 차기 대권주자들에게는 어떤 미담과 뒷얘기들이 있을까? 오늘 하루도 부지런히 뛰어다니고 있는 CEO들은 또 어떤 실패담과 성공담을 만들어가고 있을까?

지혜의 지배자 김대중

김대중이 진짜 훌륭한 세 가지 이유

당신은 김대중이 '인간적으로' 훌륭한 이유를 세 가지만 꼽는다면 무엇이라고 생각하는가? 이 질문은 김대중을 좋아하는 사람들에게 개인적으로 물어보고 싶은 질문이기도 하다. 그들은 김대중의 삶과 리더십에 대해 어떻게 설명할지 궁금하기 때문이다. 이미 앞에서 언급하긴 했지만 다시 한 번 총정리하는 차원에서 세 가지를 꼽아보았다. 그것은 김대중의 업적이라기보다는 김대중의 미래 지향점이라고 표현하고 싶다.

김대중이 미래를 향해 가리키는 첫 번째 지향점은 '평생 공부하는 자세'라고 본다. 여기서 공부는 골방에서 열심히 책을 읽는 것이 아니라 모든 일에 있어서 열심히 갈고 닦으며 배우려는 자세를 의미한다. 그것은 뜨거운 열정이요 확고한 소명의식이기도 했다. 김대중은 태어나서 죽을 때까지 그렇게 살았다. 요즘 정치인이든 CEO든 청소년이든 누구든지 김대중에게 배워할 첫 번째 덕목이라고 본다. 김대중이 두 번째로 가리키는 미래 지향점을 꼽는다면 '통합하는 자세'다. 그것은 DJP 연합이나 전두환－노태우 사면과 같은 정치적 통합뿐만 아니라 우리 사회 모든 분야에서의 과감하고 적극적인 통합을 의미한다. 이념－지역－계층－계파에 있어서 어느 한쪽으로 치우치지 않고 두루 포용해나가는 전방위 통합이다. 요즘 용어로는 '융합'이다. 김대중은 평생 그렇게 살았다. 세 번째 미래를 향한 지향점은 '미래지향적인 자세'다. 김대중은 공자, 맹자, 진시황 같은 과거 역사를 섭렵했지만, 미래를 더 많이 얘기했다. 미래 세대, 미래 산업, 미래 먹거리, 미래 사회에 대한 그의 관심은 끝이 없었다. 대기업 총수들과의 만남에서 그들이 뭐라고 말해도 별로 관심을 기울이지 않더니 이건희 당시 삼성 회장이 미래 세대의 미래 먹거리 얘기를 꺼내는 순간 얼굴이 확 밝아지며 입을 열기 시작했다는 일화는 잘 알려져 있다.

나는 이러한 김대중의 장점을 널리 전파하는 활동을 나름대로 해오고 있다. 대통령리더십연구원, 대통령리더십아카데미, 공공기관과 대학, 지방자치단체의 리더십 특강과 방송, 세미나, 저술 등을 통해 '김대중 리더십에서 배우는 교훈과 노하우'를 제시하고 있다. 나는 또 미국, 호주, 남미, 동남아의 대학이나 연구기관을 상대로 온-오프라인 강좌를 통해 김대중 리더십을 알리고 있다. 이 가운데 특히 기억에 남는 것은 2017년 11월에 대구 엑스코에서 열렸던 '김대중 & 박정희 리더십 국제학술토론회'다. 당시 경상북도가 주관한 행사는 500여 명의 국내외 인사들이 참석한 가운데 이달곤 전 행자부장관의 사회로 미국 하버드대 윌리엄 오버홀드 선임연구위원, 인디애나주립대의 마이클 로빈슨 교수, 서울대 전상인 교수 그리고 내가 참석하여 발표와 토론회를 가졌다. 이 자리에서 나는 심리학적 관점에서 김대중과 박정희 리더십을 비교 평가하고, 특히 김대중 리더십이 오늘날 우리에게 주는 교훈과 메시지를 역설했다.

꼭 기억해두자. 김대중이 우리 모두를 향해 외치는 것, 우리 모두가 그에게 배워야 할 것 세 가지는 바로 이것이다. 평생 공부하는 자세! 통합하는 자세! 미래지향적인 자세!

지금도 피가 되고 살이 되는 김대중 어록[19]

역대 대통령은 물론 세계적인 지도자들 가운데도 '어록'을 남긴 지도자는 드물다. 어록을 남겼다는 것은 역사적 위인 반열에 올랐다는 것을 의미한다. 많은 명언을 남긴 나폴레옹, 링컨, 처칠같은 위인들의 어록을 보면, 요즘 시대에 그대로 적용해도 손색이 없는 말들이다. 김대중은 어록만 모아놓은 책이 여러권 출간되었을 정도로 많은 명언들을 남겼다. 이 가운데 일부만 선별해서 소개해 보았다.

\# 모든 사람이 인생에서 성공할 수는 없지만, 모든 사람이 자신의 삶에서 성공할 수는 있다. 그것은 무엇이 되느냐가 아니라 어떻게 사느냐에 삶의 목표를 두면 된다.

\# 우리는 중요한 일과 중요하지 않은 일을 구별해야 한다. 우리는 훗날 뒤돌아보면 하찮은 일에 중요하다고 매달려 인생을 허비한 날들이 얼마나 많았던가?

\# 진정한 성공은 나 자신과의 싸움에서 이기는 것이다.

---

19) 최성, <김대중 잠언집 배움>(다산책방, 2007), 정진백, <김대중어록>(사회문화원, 2017) 참조

현미경처럼 치밀하게 보고, 망원경처럼 멀리 봐야 한다.

나는 정체를 싫어한다. 현실에 안주하는 것을 가장 경계한다. 끊임없이 변화를 추구해 왔다.

아무리 하고 싶은 말이 많아도 너무 앞서가지 마라. 따라오지 않으면 잠시 멈춰 서서 들어라. 이해해 줄 때까지 설득하라.

도랑에 든 소가 양쪽 언덕의 풀을 뜯어 먹는다.

논리의 검증을 거치지 않은 경험은 잡담에 불과하며, 경험의 검증을 거치지 않은 논리는 공론(空論)에 불과하다.

세상이 악한 것 같아도 결코 망하지 않은 이유는 뭘까? 그것은 모든 인간의 마음속에 진리와 정의에의 갈망이 자리잡고 있기 때문이다. 그것이 바로 하늘의 뜻이라고 생각한다.

우리는 매일 새롭게 태어나고 새롭게 전진해야 한다. 우리가 정복할 대상은 자기 자신이다. 안주하려는 자기, 도피하려는 자기, 교만하려는 자기, 하나의 성취에 도취하려는 자기와 끊임없이 싸워서 정복해야 한다.

기적은 기적처럼 이뤄지지 않는다. 기적 속에는 많은 것이 들어 있다. 인간이 할 수 있는 모든 노력을 하고 마지막 기도를 올릴 때 비로소 기적이 기적처럼 찾아온다. 그래서 기적은 끊임

지혜의 지배자 김대중

없이 준비하는 사람에게, 그리고 간절하게 바라는 사람에게 찾아온다.

정의가 강물처럼 흐르고 자유가 들꽃처럼 만발하고 통일에의 희망이 무지개 같이 떠오르는 나라를 만들 것이다.

우리는 아무리 강해도 약하다. 두렵다고, 겁이 난다고 주저앉아 있으면 아무 것도 변화시킬 수 없다.

자유는 지키는 자만의 재산이다. 그러므로 자유는 권리가 아니라 의무이다.

행동하는 양심이 되어야 한다. 행동하지 않는 양심은 악의 편이다. 사람들은 무엇이 옳은지 알면서도 무서워서, 손해봐서, 시끄러워서 양심으로부터 도피하곤 한다. 그런 국민들의 태도 때문에 의롭게 싸운 사람들이 죄 없이 세상을 뜨고 온갖 수난을 당한다.

목표를 정하면 10년은 한눈팔지 말고 꾸준히 그 길을 가야 한다. 10년만 혼신을 다해 노력하면 반드시 성공의 터가 잡힐 것이다.

우리는 전진해야 할 때 주저하지 말며, 인내해야 할 때 초조해하지 말며, 후회해야 할 때 낙심하지 말아야 한다.

비록 운이 없어서 목표를 이루지 못했다고 하더라도 그 사람의 일생은 결코 실패도 불행도 아니다.

진정한 지도자는 역경에도 불구하고 옳은 것을 위해서 일어설 용기를 가져야 한다.

이 세상에서 가장 무서운 것은 사람의 눈이다. 거울 속에 나타나는 자신의 눈이야말로 가장 무서운 것이다. 다른 사람은 아무도 모른다고 해도 자신의 눈만은 그것을 알고 자신에게 보여주기 때문이다.

정치는 진흙탕 속에서 피는 연꽃과 같다.

용서만이 진정한 대화와 화해의 길이다. 정치의 안정은 용서부터 시작해야 한다. 나는 우리의 불행의 최대 원인인 증오와 보복의 정치를 종식시키고자 한다.

우리나라는 지리적으로 작은 나라지만, 지정학적으로는 굉장히 크고 중요한 나라다.

사회의 진정한 척도는 가장 취약한 구성원들을 어떻게 대하느냐는 것이다.

쓸모없는 사람은 나를 찾아오지만, 좋은 벗은 내가 찾아가서 사귀어야 한다.

의롭게 살고 싶다면 보상에 만족을 구하지 말고, 자기 삶의 존재양식 그 자체에서 만족을 구해야 한다. 그러면 역사는 반드시 바른 보답을 줄 것이다.

비록 고난 속에 살더라도 자기 양심에 충실한 사람은 행복하다. 그러나 그 고난의 가치를 세상이 알아줄 때 더욱 행복해진다.

진실과 사랑은 진실로 너그러운 강자만이 할 수 있다. 우리가 남을 용서한다는 것은 내가 선하고 의롭기 때문이 아니다. 나도 용서받아야 할 죄인이기 때문이다. 용서는 따지고 보면 남을 위한 것이 아니라 자기를 위한 것이다.

사람은 너무 가난해도 안 되고 너무 부유해도 안 된다. 우리는 너무 가난하거나 너무 부유하면 다 같이 돈의 노예가 된다. 알맞게 갖고 자유인이 되어야 한다.

나는 마지막까지 역사와 국민을 믿었다. 국민은 언제나 현명한 것은 아니지만, 마지막에는 가장 현명하다.

우리가 역사로부터 배워야 할 가장 중요한 교훈은 실수로부터 배워야 하고 절대로 그것을 반복하지 말아야 한다는 것이다.

인생은 생각할수록 아름답고, 역사는 앞으로 발전해 나간다. 위대한 국민이 있어서 나는 행복했다. 이제 나는 역사 속으

로 들어간다.

　언제 들어도 주옥같은 말들이다. 세월은 흘렀지만, 김대중의
어록은 오늘날의 우리에게 많은 교훈과 울림을 준다. 미래의 후
손들에게도 많은 교훈과 울림을 줄 것이다.

　　　　　　　　　　　　　　　　　　　　　　지혜의 지배자 김대중

색인

지혜의 지배자 김대중

꽃과 예수

소강석 시인
(새에덴교회 담임목사)

너의 눈물을 내게로 가져오면 진주가 되고

너의 한숨을 내게로 가져오면 노래가 되리니

아무리 힘들어도
너를 버리지 마라

피투성이가 되었더라도 너를 끌어안고
내게로 오라

세상이 너를 버렸을지라도

나는 너를 꽃처럼 껴안고 이 추운 밤을 지나

봄날의 아침을 맞으리니

지혜의 지배자 김대중

지은이　최진 대통령리더십연구원 원장

　　대통령을 비롯한 지도자의 리더십을 심리학적 관점(프로이드, 융, 라스웰)에서 연구하여 대안을 제시하는 국내 최고의 대통령리더십 전문가이다. 동시에 대학교수, 정치심리학자, 리더십&심리경영 전문가, 방송평론가로 왕성하게 활동하고 있다. 이 과정에서 7명의 역대 대통령들을 직접 체험하거나 함께 일했고, 특히 김대중 대통령과는 20여년간 긴밀하게 소통하고 관찰 및 연구했다.

　　지난 35년 동안 언론-청와대-대학교수와 방송활동을 거치며 현장경험과 이론을 겸비하였고, 국내 최초로 대통령들의 리더십을 집중 연구하는 〈대통령리더십연구원〉과 〈한국대통령리더십학회〉를 설립하여 특강, 교육, 아카데미, 집필, 세미나 등 다양한 활동을 해오고 있다. 특히 대통령의 리더십과 CEO의 성공전략을 연결시키는 강의는 매우 독특하다. 최근에는 성경 속 위인들의 리더십을 연구하고 있다.

　　고려대 법대를 졸업하고, 동대학원에서 정치학 석사와 행정학 박사학위를 수료했다. 언론계를 거쳐 청와대 정책기획수석실 선임국장과 대통령직속 정부혁신위원회의 정책홍보실장을 역임했고, 고려대 연구교수와 경희대 겸임교수, 미국 남가주대(USC) 초빙교수, 세한대학교(전 대불대) 부총장을 지냈다. 현재 세한대학교 교수, 대통령리더십연구원 원장, 한국대통령리더십학회 회장, 사단법인 한국리더십개발원 원장을 겸하고 있다. 최근에는 유튜브 〈최진의 대통령 TV〉를 개설하여 우리사회에 올바른 대안을 제시하는 한편, 양극단주의 해소를 위한 '중도론'을 적극 전파하고 있다.

　　주요 저서는 〈권력자의 심리를 묻다〉, 〈레임덕의 이론과 실제〉, 〈대통령의 독서법〉, 〈하나님이 원하는 지도자〉 등 총 10권이며, 그 가운데 〈대통령리더십총론〉과 〈참모론〉은 국내에서 가장 권위 있는 대한민국학술원과 문화체육관광부의 우수학술도서로 선정되어 고려대, 한양대, 경찰대, 국방대 등 주요 대학교재로 채택되었고, 미국의 하버드대와 콜롬비아대, UCLA 등 주요 대학에도 소장되어 있다. 그는 또 KBS, MBC 등 지상파와 YTN, 연합TV 등 각종 종편에 출연하면서 〈뉴욕타임즈〉, 〈로이터통신〉, 〈교토통신〉 등 세계적 외신들과 인터뷰활동을 해오고 있다.

지혜의 지배자 김대중

초판발행   2024년 12월 3일

지은이   최진
펴낸이   안종만·안상준

편 집   박가온
기획/마케팅   정성혁
표지디자인   Benstory
제 작   고철민·김원표

펴낸곳   (주) **박영사**
                서울특별시 금천구 가산디지털2로 53, 210호(가산동, 한라시그마밸리)
                등록 1959. 3. 11. 제300-1959-1호(倫)

전 화   02)733-6771
f a x   02)736-4818
e-mail   pys@pybook.co.kr
homepage   www.pybook.co.kr
ISBN   979-11-303-2173-8   03340

정 가   12,000원